驚きの日本一が「ふるさと」にあった

——地元、都道府県の魅力を再確認

すごい、ヤバイ、
意外、ギリギリ、
どんまい！

やっぱり、日本はすごい。

２０２０年の東京オリンピック・パラリンピック開催を前に、訪日外国人が３０００万人を突破した。テレビでは連日のように訪日外国人と日本を絡めた番組が放送され、彼らの行動を通して日本のすばらしさがクローズアップされている。「日本はすごい」といっても、短絡的に愛国心、ナショナリズムの高揚を煽るつもりはまったくない。さまざまな日本情報に触れる中で、日本人でありながら知らなかった地方の良さ、美しさを改めて感じ取っている人も多いのではないか。海外では大谷翔平、大坂なおみ、渋野日向子、八村塁選手らが大活躍し、世界が日本に熱いまなざしを向けている。

その一方で、メトロポリタン・東京は肥大化し続け、その勢いは止まらない。東京都の人口は約１３８６万人（２０１９年１月１日現在）。首都圏（東京、埼玉、千葉、神奈川の１都３県）の人口は３５００万人超で、日本全体の３割近くが集中。その集積ぶりは、デリーを上回り世界一（国連発表のWorld Cities 2016）となっている。地方創生が叫ばれて久しいが、掛け声だけで、大半の地方人口は減り続けているのが実情だ。しかし、希望はある。過密都市・東京や大阪、名古屋といった大都市圏から、自然豊かな地方へ移り住みたいとの「田園回帰」「ふるさと志向」の思いを強くしている人々の存在だ。２０１１年の東日本大震災以降、ライフスタイルを見つめ直す人々が増え、とりわけ若い人たちの意識に変化が表れているようだ。２０１７年の「都市部の住民の意識調査」（総務省）では、農山漁村地域に移住してみたいと回答した人が世代全体で30・６％いた。このうち20代は37・９％、30代は36・３％と移住志向が高いことが分かる。こうした若い世代の移住志向の裏側には、従来の「田舎でのんびり暮らし」という考え方とは違う、時代の潮流を見極めた「新しい暮らし方・働き方」を模索する姿勢がうかがえる。

高度経済成長の昭和、バブル崩壊からデフレ長期化が続いた平成が終わり、令和という新たな時代に突入した。新自由主義経済のもと格差は拡大するばかり。家庭を築くことさえ困難な状況が続く。しかし、あきらめたり、悲観してばかりいても仕方ない。人口減が続く日本社会の中で、どうやって生きていくのか。東京や大阪といった大都会にしがみつき続けるのか。経済優先の社会がすべてではないはずだ。多様な価値観のもと、自分自身にあったライフスタイルを見つけていきたい。そう思っている人は多いのではないだろうか。

ふるさとを離れて都会で暮らす多くの方々はもちろん、ふるさとに住み続けている人にとっても、本書に記された「ふるさと自慢」のネタ、地方のすごさを通して、ふるさとの良さを見直し、新しい生き方の参考になるような一冊になればと思う。

目次

目次

外国人が発見した！

新たなふるさと日本一

日本人なのに気づいていない、とっておきの日本

昭和の時代に国鉄が「ディスカバージャパン」というキャンペーンを展開した。大阪万博（1970年）終了直後に始まり、1976年まで続いた個人旅行拡大を狙った仕掛けである。若い女性をターゲットに、日本の原風景ともいえる田舎の美しい光景を映し出し、若い女性が新しい発見をするという設定のCMが連日流れた。当時のアン・ノン族が飛び付き、信州・妻籠の人気が爆発。その後、山口百恵の名曲を使った「いい日旅立ち」キャンペーンも話題になったものだ。

それから半世紀近く。最近のディスカバージャパンの主役は訪日外国人旅行者（インバウンド）かもしれない。彼らは、日本人にとっては当たり前の光景だったり、日本人でさえ知らないような景勝地、地域文化、伝統文化に反応し、SNSで情報を発信している。ふるさとの良さ、日本一の自然・文化に外国人たちが気づき、その価値を認めて共有しているのである。「ふるさとの日本一」の旅。まずはインバウンドが発見、発掘した「ナンバー1」を紹介していこう。

北海道

世界一のパウダースノーに魅了された
外国人主導で世界的リゾートに変貌したニセコ

いま、外国人に日本で最も有名な世界的リゾート地を挙げてくださいと言ったら、間違いなくナンバー１に輝くのはニセコではないだろうか。もっとも有名な観光地という質問であれば、京都がナンバー１だろうが。

ニセコアンヌプリ（標高１３０８ｍ）をはじめとするニセコ連峰を取り巻く山岳丘陵地帯のニセコエリアは、新千歳空港から車で２時間半程度。リゾート地の中心となっているのは倶知安町《くっちゃんちょう》とニセコ町だ。

なぜニセコが日本一に？　その答えは世界にも類を見ない上質なパウダースノーである。日本海で水蒸気を含んだシベリアからの寒気が蝦夷富士・羊蹄山を越えるころにはサラサラの粉雪に。スキー場に積もった雪はふわふわ。外国人たちが「ＪＡＰＯＷ」と呼ぶ羨望の良質パウダースノーに、最初に目を付けたのはオーストラリア人だった。南半球に住む彼らが、ほぼ時差のない北海道の大地にす

山小屋風の駅舎が人気のニセコ駅

ばらしい雪があることを知って頻繁に訪れ、口コミで人気が広がっていった。やがてニセコの「JAPOW」の存在はウィンタースポーツの本場ヨーロッパの人たちにも知られ、世界中から観光客が訪れるようになっていった。最近の外国人宿泊客の延べ数は年間170万人を突破した。

こうなると世界的なマネーが動く。倶知安町の地価の上昇率は日本一となり、超高級コンドミニアムやホテルが林立。中国やシンガポールなどの富豪たちが大金を投資してコンドミニアムの部屋を買い、転売する。そんなマネーゲームの世界も存在しているのだ。一方で、ニセコに愛着を持ち、住み着いてしまう外国人たちも多い。ホテルや飲食店、アウトドア関連会社などで働きながら、ウィンタースポーツやニセコの大自然を楽しむナチュラルライフを送っている。ニセコエリアの中心地区にある倶知安町の人口は約1万6600人。そのうちの1割強が外国人だ。

ウィンターシーズンともなると、ニセコのゲレンデや街中は外国人だらけである。ショップの看板や店内の英語が当たり前の世界。コンビニには中国語、韓国語も併記されている。日本人を見かけることのほうが少ないくらいだ。

ニセコは冬ばかりが注目されているが、夏も快適だ。ニセコアンヌプリや羊蹄山などのトレッキング、尻別川でのラフティング、そして釣りやサイクリングとアウトドアスポーツの宝庫である。そこに温泉があるからたまらない。羊蹄山の湧き水は名水となり、うまい地酒を造り出している。最近は夏のニセコに注目する外国人に加え、長期滞在する日本人も増えているという。

2018年の8月後半にニセコを訪れた際に手に入れたパンフレットに高級リゾート・コンドミニアムの長期滞在プランが載っていた。2LDKで15泊19万8450円から。30泊は26万8200円からとなっていた。こうした部屋が次々と予約で埋まっていくのがいまのニセコなのである。

かつては札幌や小樽の学生が山スキーで訪れていたニセコ。昭和のスキーブームでスキー場が次々とオープンしたが、バブル崩壊でスキーブームも萎み、ニセコもずいぶんと寂しい冬景色となっていた。そのままだったら、人口減少に悩む全国各地の自治体同様、衰退の一途をたどっていたかもしれない。世界一のパウダースノーの価値を見出し、世界中に広めてくれた外国人に感謝しなければいけないのかもしれない。

もちろん、リゾートの繁栄と自然環境の調和、地域への経済還元など課題も増えている。そうしたなか、地域の有志が社団法人を作り外国資本との協業など新たな街づくりのための取り組みも始まっている。リゾートと地域活性化のモデル地区といえそうだ。

千葉県

世界中から軍人、警察関係者らが稽古に訪れる「武術の聖地」・武神館

キッコーマンの本社がある醤油の街・千葉県野田市。人口15万人ほどの地方都市の一角に、世

界各地から猛者が集う。目的地は古武術・忍術の道場「武神館」だ。宗家は初見《はつみ》良昭《まさあき》氏（87）。戸隠流忍術34代継承者で、「武神館九流派八法秘剣宗家」。世界が注目する「ニンジャマイスター」である。

初見氏の人生は武術一筋。柔道5段だった20代のころは米軍横田基地（東京立川市）で柔道を教えていた。武術の達人・高松寿嗣氏に15年間教えを乞い、１９７０年代に野田市内に武神館を創設。海外での指導にも積極的に取り組み、世界50ヵ国以上に門下生がいる。その数は数十万人に及ぶ。

そんな武術のカリスマのもとに連日、世界各国から初見氏の教えを学びに弟子が馳せ参じているのである。各国の軍人、警察関係者など職業的に武術を必要とする人たちも多い。ＦＢＩや英国の特殊部隊のメンバーもその教えを受けてきたという。一方で、弁護士や医師、大学教授などのインテリ層や女性の姿もある。

何が外国人たちを惹きつけるのか。２０１９年２月に武神館本部道場を訪ねてみた。

50人ほどの稽古参加者の8割が外国人

日曜日の午前11時前、道場に着くと、すでに武神館の黒い道着を身に着けた門下生たちがウォームアップをしたり、談笑しながら稽古の開始を待っている。総勢50人ほど。外国人が約8割で女性の姿もチラホラ。みんな道場に足を踏み入れる前に一礼していく。11時半、初見師が登場。道場はそれまでの和やかなムードから一気に凛とした雰囲気となる。

「さあ、やろう。ＯＫ」

初見師の声が響き渡る。まずは初見師が門下生相手に模範演技を示す。その後、弟子、門下生が２人一組となって、初見師の動きを練習する。ＦＢＩの文字がプリントされた黄色のトレーナー姿の初見師の動きは、まさに流れるよう。無駄がない。攻撃してくる相手の腕を受け止め、軽妙な動きで畳の上に倒してしまう。長棒を使った稽古では、突いてくる棒の根元に近いところに自らの長棒を当てて、あっというまに振り払い、相手を倒して上からとどめを刺す。とても87歳とは思えない動きである。

門下生同士の稽古を指導する際は、よく通る声でポイントを解説する。

「流れを大事に、空間を大事に」

「技を使うと死んでしまうよ。技を消すことが大事」

「構えがダメ。根っこが大事だよ」

「あると思えばない、ないと思えばある。コントロールを勉強して」

門外漢の取材者には、理解できる部分もあれば、禅問答みたいな部分も。初見師の言葉を高段の弟子が逐一英訳していく。その教えを頭に叩き込み、稽古を繰り返す。時にジョークを交えた〝初見ワールド〟にすっかり魅了されていく。

巻紙に流麗なタッチで絵を描き、書をしたためる芸術家

休憩タイムになると、まったく違う世界が訪れた。初見師の前に巻紙や書道紙を持った門下生が列をなす。用意された筆で、あっという間に絵を描き、書をしたためていく。鮮やかだ。初見師の芸術家としての顔である。

道場には「世界忍者戦ジライヤ」（テレビ朝日系列で１９８８年から89年にかけて放映された特撮テレビドラマ）の主人公役を務めた筒井巧さんの姿もあった。このドラマで、初見師は主人公の義父で戸隠流第34代宗家という役で出演している。

筒井さんに忍者論を聞いたところ「忍者は殺されてはダメなんです。相手の攻撃をかわし、コントロールすることが大事。どんな状況でも情報を持ち帰るのが役目ですから」との答えが返ってきた。ＦＢＩや世界の警察関係者、警護関係者に武神館の門下生が多い理由の一つがここにあるのだろう。テロリストらから要人を守ることが最優先される仕事において、実戦で自らが殺されては元も子もない。いかに相手の攻撃をかわして身を守り、使命を果たすか。

「技を消すこと」と指導していた初見師は、殴る、蹴るといった攻撃を一切しない。相手に軽く触れるだけ、時には指先を取るだけで攻撃を封じ込め、転がしてしまう。

「自分の意識を残さない、エネルギーを消す」――。力に頼らない境地とでもいうのだろうか。力に依存し、それを誇示しがちな多くの武道家と決定的に異なる点である。

武道の本質を追求するために訪れる外国人門下生

外国人の門下生に話を聞いてみた。デトロイトから来ていた米国人ビジネスマンのフルトン・ヨースト氏（49）は、10代で入門し現在の段位は15段という高段者である。

「14歳の時に入門し、車で8時間かけてオハイオ州にあった道場に通いました。89年に交換留学生で日本に来て、初めて初見先生の稽古に参加しました。本部道場通いは30年になります」

初見師の書や絵画、そして武神館での稽古光景などをアート作品として1冊の本に仕上げたのは、米国人クリエーターのスティーブ・オルセン氏だ。『初見良昭道場戯画　天』という豪華本で、道場での稽古に通じる絵や、写真も掲載。絵の内容に関するエッセイや本人コメントも収録されている。初見師の教えをビジュアルな視点から伝えようという試みだ。発売前から各国の門下生から注文が相次いだという。フランス人の若者は、青山のレストランでバイトをして日本語を習得しながら道場通いを続けていた。

今年（２０１９年）１月にはアルゼンチンの軍関係者の団体20数名が本部道場を訪れ、稽古をしていった。２０１８年にアルゼンチンで行われたＧ20ブエノスアイレス・サミットの警備最高責任者を務めたのも武神館の門下生だという。

武道、忍術の達人であり、芸術家でもある初見師の人間性、指導、魅力に惹かれて、軍や警察関係者、さらには大学教授、医師、アーチスト、ビジネスマンのさまざまな職業の外国人たちが連日、本部道場に足を運ぶ。

ご本人曰く「（武神館には武道、忍術の）本質があるから、それを求めて来るんだよ」。

今日もまた、本部道場では外国人門下生たちが稽古を繰り返している。「武神館」――。それは世界に誇る日本の文化遺産である。

新潟県

世界各国からディーラーや愛好家が集う「錦鯉の聖地」・山古志

越後の山あいにある小さな村が、錦鯉の発祥の地だった。新潟県の山古志村（現・長岡市）。

２００４年に発生した中越地震では土砂崩れ、地割れがいたるところで発生し、多くの棚田、棚池が崩落した。住民たちは手塩にかけて育てた稲、飼育していた牛、そして錦鯉を残したまま避難せざるを得なかった。

多くの錦鯉が犠牲になったが、棚池に取り残された錦鯉を救出してヘリコプターで運搬した。救出されたのは約2200尾。山古志村ではおよそ200年前から錦鯉が飼育され、品種改良が繰り返され、多彩な錦鯉を生産、出荷してきた。その地域の宝が何とか守られたのである。

2005年に長岡市に編入された山古志地区は、いまでは「錦鯉の聖地」として世界各国からディーラーや愛好家が集まるようになっている。2017（平成29）年には農林水産省が、山古志を含む新潟県中越地域（長岡・小千谷）を「社会や環境に適応しながら形づくられてきた伝統的な農林水産業と、それに育まれた文化、景観、生物多様性などが一体となった農林水産業システム」として日本農業遺産に認定した。

錦鯉といってもその種類は実に多彩。現在、その品種は「紅白」「五色」「大正三色」をはじめ約100種類にも及ぶ。「泳ぐ芸術品」「生きた宝石」とも称され、「国魚」と呼ばれることもある。

そのルーツが興味深い。江戸時代、山古志を中心とした一帯に「二十村郷」と呼ばれた地域があり、1700年ごろから食用の真鯉を飼育。1800年代のあるとき、突然変異で微かに赤い模様のある鯉が発見され、そこから改良に改良が重なって今日に至っているという。

日本中に広まるきっかけとなったのは1914（大正3）年に開催された東京大正博覧会で山古志の錦鯉が展示されたこと。その後、錦鯉の存在感を一躍高めたのは、新潟県出身の総理大臣・

田中角栄だろう。目白の私邸の池の錦鯉に餌をやるシーンがテレビで放映され、日中国交正常化の際には、ふるさとの錦鯉を周恩来首相（当時）にプレゼントしたのである。

　そんな歴史を経て、山古志地域の錦鯉は「世界最大のガーデンフィッシュ」として世界中で人気となり、錦鯉関連の用語は日本語がそのまま使われているという。そして現在では、世界50ヵ国以上に輸出されている。中国、韓国、台湾、香港、オーストラリア、アラブ首長国連邦、サウジアラビア、ポーランド、ギリシャ、イタリア、フランス、ドイツ、イギリス、ノルウェー、マルタ、エジプト、アメリカ、カナダ、アルゼンチン、ペルー、ナイジェリア……。飼育していた錦鯉を池から取り揚げる10月中旬から11月にかけての「池揚げ」の時期や、その後、長岡市で開かれる品評会には世界各地から関係者や愛好家が集まってくる。この品評会は外国人審査員制度も採用している。表彰式、パーティーは世界各国の国旗が掲げられ、国際色豊かだ。

　山古志地域の再興にまつわる印象的なエピソードがある。中越地震の際、全国各地の錦鯉生産者がすぐに被災地を訪れ、親鯉の救出、親鯉の貸与といった支援活動を繰り広げ、世界各国の愛好家たちも義援金などを通じてサポート。そうした支援と地域の人々の協働・共助システムで3年後には棚田、棚池を復興し、山古志での暮らしに戻ったというのである。

　豪雪地帯の山間部に棚田を作り、それを棚池へ転換して育んできた錦鯉文化。何世代にも渡る稲作と錦鯉養殖の複合経営が見事に結実して、「山古志の錦鯉」は世界中の人々を虜にし、世界に誇る「錦鯉の聖地」、「日本農業遺産」となったのである。

大分県

地元大学で学ぶ留学生パワーでインバウンド人気を誇る
別府温泉

別府（大分県）といえば日本有数の人気温泉地として知られるが、バブル崩壊後は観光客数、宿泊者数が大きく落ち込んだ。そんな低迷を打開しようと、２０１１年以降、観光客が参加、体験できるイベント「別府八湯温泉泊覧会（オンパク）」の開催、タツノコプロとコラボした「タツノコ風呂」の設営、遊べる温泉都市構想としての「湯～園地」開園など、さまざまな取り組みを展開。こうした努力が功を奏して、別府温泉人気は回復基調にある。それは数字を見れば歴然だ。平成22年度（２０１０年度）の観光客総数は７９３万２８５１人、宿泊客数２３２万３６３１人、外国人観光客総数26万９７２２人、外国人宿泊客数24万２３６５人だった。平成29年（２０１７年１月から12月）は、観光客総数８８０万６８７８人、宿泊客数２５４万４３３０人、外国人観光客総数59万７４４６人、外国人宿泊客数48万６０３７人となっている。

観光客総数は平成22年度と比べ１１１％だが、外国人観光客総数は２２１％と倍増しているのが目に付く。平成28年から29年にかけては約15万人、33・5％の高い伸びを記録した。インバウンド需要の高さ、人気ぶりを物語っている。

そんな別府温泉の外国人人気を支えているひとつの要因が地元の大学で学ぶ留学生たちのパワーだ。別府には立命館アジア太平洋大学（APU）、別府大学、別府大学短期大学部などがあるが、留学生の数が半端じゃない。5830人が学ぶAPUには91ヵ国・地域から2906人が、学生数1941人の別府大学には298人の留学生がいる。そうした留学生たちのパワーが外国人観光客の集客、サービス向上に効果をもたらしている。

留学生たちは口コミ、SNSで母国の家族や友人らに別府温泉の良さを発信している。それだけではない、彼ら、彼女らが温泉街で外国人観光客の通訳やガイドを務めることで親近感が増し、人気が加速。商店街の空き店舗に雑貨店や飲食店を構える卒業生も出てきて、街がにぎやかになったこともインバウンド人気につながっているのだろう。

市も学生パワーに注目。2018年には、大分出身のAPUの卒業生が創業にかかわった神奈川県内のベンチャー企業に委託して、市のサイトの中に「ENJOY ONSEN」という英語版のホームページを開設した。HPでの情報発信に加え、外国人客がHP上の質問に回答することでスタッフが無料で別府観光のプランを作成するなどのサービスを盛り込んだ。英語が堪能なAPUの学生を中心に約100人のボランティアやアルバイトがスタッフとなって外国人観光客誘致を図っている。

市のHPにはインスタグラムのフォロワー数80万人を誇るベトナムの人気タレントが登場する

「可愛すぎる留学生　ティエンちゃんの別府インスタ旅」もアップされている。着物姿になったティエンちゃんがインスタ映えスポットの別府公園を訪れ、そこで撮影。その後は温泉街で地獄蒸し料理を楽しんだり、温泉に浸かったりといったストーリーだ。留学生、大学生を中軸にした地域密着型の観光誘致・地域活性化の新たな挑戦の行方に注目したい。

★別府市の外国人観光客数上位5ヵ国・地域（平成29年別府市観光動態調査結果）
①韓国32万9680人　②台湾8万9664人　③香港6万2598人
④中国5万4477人　⑤タイ1万8778人

島根県

16年連続「日本庭園1位」に輝く足立美術館・安来市

美術館というとワンコインで絵画鑑賞を楽しめるというイメージがある。国立西洋美術館（東京・上野）の常設展は一般個人の大人料金が500円である。そんな世間の感覚からかけ離れた入館料2300円という地方の美術館が外国人に大人気だという。島根県安来《やすぎ》市《し》の財団法人・足立美術館である。

この美術館は日本一の横山大観コレクターと言われる安来出身の実業家・足立全康氏が197

0年（昭和45年）、71歳の時に開館した美術館だ。「日本庭園と日本画の調和」を基調とした館内には横山大観をはじめとする近代日本画壇の巨匠たちの名作の数々がある。圧巻はなんといっても庭園である。

「枯山水庭」「白砂青松庭」「池庭」「苔庭」といった5万坪の日本庭園は四季それぞれの美しさで鑑賞者を虜にする。この日本庭園は、アメリカの日本庭園専門誌「The Journal of Japanese Gardening」で16年連続で1位に選ばれている。

2018年度の入館者数は64万6307人で前年比微増だったが、外国人は4万5208人（同33・1％増）と大幅増で、7年連続で過去最多を更新した。

国際的な評価もすこぶるいい。フランスの旅行ガイドブック「ミシュラン・グリーンガイド・ジャポン」で「3つ星」を獲得したほか、同じく「ブルーガイド・ジャポン」でも「3つ星」。さらに世界最大級の旅行サイト「トリップアドバイザー」で観光名所として「殿堂入り」を果たしている。

それだけに庭園の手入れには力を入れている。庭師が毎朝、庭をチェックし、全職員が開館前に1時間の清掃を行う徹底ぶりだ。横山大観作品の収集と庭づくりに執念を燃やした老実業家の熱意が全世界の人々の心をとらえているのである。

こんな日本一があったのか！

都道府県別ナンバー1

大都市を捨てれば「新しい暮らしと幸せ」が見えてくる？

世界的大都市・東京をめぐる2つの注目ランキング

世界的な巨大都市・東京VS人口減が続く地方。いったい、どちらに暮らすのが幸せなのか、より自分らしい人生を送ることができるのか。究極のテーマである。大都会でバリバリ働いて稼ぎたいという人もいれば、多少不自由でも自然豊かな地方でゆったりとした生活を送りたいという人もいるだろう。移住という選択肢を考える、考えないは別にして、改めて東京の魅力と評価、地方の魅力と評価を検証してみたい。

まずは東京。人口1300万人を超す巨大都市を世界はどう見ているのだろうか。

「東京が世界で最も魅力的な都市に3年連続で選ばれました！」――。2018年10月、東京都産業労働局がこんなプレスリリースを発表した。これは、米国の富裕層向け旅行雑誌「コンデ・ナスト・トラベラー」誌が行った、世界で最も魅力的な都市（米国を除く）を決める読者投票ランキングで、東京が3年連続で1位に選ばれたというものだ。選定理由は「現代と伝統の魅力の共存や多様な食の魅力」だという。3年連続トップに輝いたのは喜ばしいことだが、このアンケートはあくまで旅行地としての魅力である。

一方、こんなランキングもある。世界各国の都市情報を伝えるウェブメディア「タイムライフ」が世界32都市1万5000人にアンケートを行った「シティーライフ・インデックス2018」（都市生活ランキング）の結果は、1位シカゴ（米国）、2位ポルト（ポルトガル）、3位ニューヨーク。東京は19位だった。この調査は、それぞれの都市の住民に現地での生活について「フード」「カルチャー」「社交性」「生活のしやすさ」「幸福度」などさまざまな観点からの評価を総合判断したもの。東京の評価理由は「レストランで食事をする人が世界で2番目に多い。優れた公共交通があり、非常に金銭的負担が低い。だが、文化的充実度と幸福度で、その他の主要都市に劣っている」となっている。旅行地としては世界1位だが、「都市生活ランキング」では19位。この落差は、実は国民が抱いている東京へのイメージにかなり近いものがあるのではないだろうか。

「住めば都」は本当だろうか　東京都の世論調査を検証

どんな街でも住めば都だという。では、東京の住民たちは、東京暮らしをどう思っているのだろうか。東京都が行った「都民生活に関する世論調査」（2018年11月公表）から、いくつかの項目を見てみたい。調査対象は18歳以上の都民で有効回答数は1856。まず注目したいのは世帯年収。「200万円未満」が182（9・8％）、「200〜300万円未満」が190（10・2％）、「300〜400万円未満」が201（10・8％）、「400〜500万円未満」が187（10・1％）で、年収500万円未満が全体の約41％に達し、この層は暮らしに「余裕がない」が50％を超している。年収1100万円以上の高所得者層は215（11・7％）で、こちらは「余裕がある」が80％超となっている。余裕度は年収で二極化の傾向がうかがえる。

東京の住みやすさについては、「住みよい」が60・9％で「住みにくい」は7・3％しかない。驚いたのは30年以上住んでいる回答者が調査対象の64％にあたる1189もいることだ。彼らの65・9％は「住みよい」と回答。まさに「住めば都」ということか。逆に居住10年未満（203＝10・9％）は「住みにくい」が13％程度いる。今後も東京にずっと住み続けたいかどうか。「住みたい」が78・4％で、「住みたくない」は9・5％。住みたい理由は、①交通網が発達していて便利75・8％　②東京に長く暮らしているから46・5％　③医療や福祉などの質が高いから31・7％などとなっている。逆に住みたくない理由は①生活費が高いから55・1％　②人や車が多過ぎるから52・8％　③住宅事情が悪いから34・7％など。

高収入で持ち家の人たちにとっては、東京は快適な暮らしを堪能できる大都市となる一方、低収入で借家暮らしの人たちにとっては、なかなか「住めば都」とはいかないようである。

暮らしやすい県とは？　都道府県の魅力を掘り起こそう

地方の暮らしはどうなのか。ふるさとの魅力を再確認するために、その土地ならではの「日本一」はもちろんのこと、生活関連データをポイント化することで「暮らしやすさ」の総合判断をしてみた。

都道府県のランキング調査は「幸福度調査」や「ブランド調査」などさまざまあるが、ここでは地域活性化を担う若い世代の暮らし・移住を念頭に、「マネー（年収）」「仕事（有効求人倍率）」「住居（家賃相場）」「教育（待機児童率）」「医療（医師偏在指標）」「環境（都市公園面積）」「子ども人口」の7項目をチェックしてみた。

年収は若干古いデータになるが、２０１４（平成26）年の「全国消費実態調査」（総務省）の「年間収入」で比較した。有効求人倍率は「一般職業紹介状況」（厚生労働省＝２０１９年6月）、住居は「小売物価統計調査」（総務省）の「民営賃貸住宅の家賃（1ヵ月3・3㎡当たり＝２０１8年平均）」、待機児童率は「平成31年4月時点の保育所等関連状況取りまとめ」（厚労省）、医療は厚労省が２０１9年2月に公表した「医師偏在指標」（医師偏在の度合いを示す）、都市公園面積（人口1人当たり）は総務省の「統計でみる都道府県のすがた２０１９」、子ども人口（15歳未満）は「都道府県別こどもの数および割合」（総務省＝２０１８年10月1日現在）を採用した。

7項目それぞれのデータを5分化してAからEの評価付けを行い、Aは5点、Bは4点、Cは3点、Dは2点、Eは1点として、その総合得点（トータルは35点）を算出した。詳細は各都道府県の紹介ページをご覧いただきたい。もちろん、この評価（通信簿）は、若い世代が居住するにあたって筆者が独自に判断、算出したもので絶対的なものではない。あくまで目安ととらえていただきたい。

トップは北陸2県。上位は「移住人気ランキング」に登場しない県がズラリ！

最高点の30点となったのは、石川県、福井県の北陸2県だった。石川県は有効求人倍率、待機児童数（少なさ）、医師偏在指標がAランク。医師偏在指標は270・4（全国7位）と高い。待機児童数はなんとゼロである。福井県は年収、有効求人倍率、家賃、待機児童率の4項目がA。ここでは取り上げていないが、学力テストの成績も例年、全国トップクラスだ。年間収入711万3000円は東京都に次いで全国2位。有効求人倍率も2倍を超え全国5位の水準だ。「幸福度調査」で何度も日本一に輝くのも当然か。ただし、原発の数の多さをどうとらえるか。多少の割引は必要かもしれない。

両県に続く2位グループは、27点の富山、岐阜、鳥取の3県。岐阜県は有効求人倍率、家賃、待機児童率がA。家賃の低さ（3597円＝3・3㎡）や有効求人倍率の高さ（2・05＝全国

3位）が目に付く。富山県は有効求人倍率、家賃、待機児童率がA。ここでは触れていない持ち家率は79・4％で全国トップだ。立山・黒部の山岳景観、富山湾で獲れる新鮮な魚介類も魅力だ。鳥取県はAは待機児童率のみだが、Bが4項目あり総合的な評価を押し上げた。人口わずか57万人弱、全国一人口の少ない県である。さらに1点差の26点グループには群馬、岡山の2県が名を連ねた。

上位に入った7県はいずれも人口減少県。しかも65歳以上人口の全国平均28・1％をすべての県が上回っている。逆に子ども人口（15歳未満）は、5県が全国平均（12・2％）を上回っているものの、12％台にとどまっている。10年後、20年後の地域活性化を考えるにあたり、高齢者人口、子ども人口の割合は重要な指標である。

この上位9県のうち、「ふるさと回帰支援センター」の移住希望地域ランキングのトップ10に入っているのは富山県だけ。トップ20を見ても、群馬県が入っているだけで、7県中5県は「人気移住先」になっていない。移住を考える人は、詳細なデータをよく吟味した方がいい。みすみす「お宝」を逃してしまうことになりかねない。

北海道

大自然がもたらす恵みが魅力の北の大地

基本データ

面積	8万3424㎢（全国1位）
位置	北緯41度21分〜45度33分シカゴ、モントリオール、ローマと同位置
県庁所在地	札幌市（195万5457人）※
人口	530万4413人（全国8位）※
道の花	ハマナス
道の木	エゾマツ
道の鳥	タンチョウ

移住希望地域ランキング　3位

※注：本章の都道府県、県庁所在地の人口は2019年1月1日のもの

おもしろ方言

あずましい ………………… ゆったりと落ち着いた

ごっぺかえす ………………………… 大失敗する

しばれる ……………………………… とても寒い

なまら ……………………… たいそう、非常に

はんかくさい ……………… ばかげた、あほらしい

JRA史上2頭目となる無敗の三冠馬を達成。ＧＩ7勝の名馬。2019年7月に17歳で死去した

北海道のくらしの通信簿

項目	数値	評価
マネー（平均年収）	562万8000円	D
仕事（有効求人倍率）	1.25	E
住居（家賃／1ヵ月3.3㎡）	3689円（札幌市）	A
教育（待機児童率）	0.18	B
医療（医師偏在指標）	222.0	D
環境（都市公園面積／人口1人当たり）	25.97㎡	A
少子化（子ども人口割合）	10.9	E
総合評価		20

北海道 日本一いろいろ

- 一戸当たりの耕作農地面積 ………… **北海道 25.77ha**
  （更別村は50.2ha）
- コンビニ数（人口10万人当たり）…… **47.1店**（全国平均33.1＝2016年）
  （2016年経済センサス）
- 日本一長い直線道路 ………………… **国道12号**
  美唄―滝川間 29.2km
- 日本一長い直線鉄路 ………………… **室蘭本線**
  白老―沼ノ端間 28.7km
- 温泉地数 ………………………………… **244**（2017年度）
- 都市公園面積（人口1人当たり）…… **25.97**（全国平均9.77＝2016年）
  （統計でみる都道府県のすがた2019）
- 住みたい街ナンバー1 ……………… **札幌市**
  （日経BP総合研究所 2016年調査）

日本最大の食料供給地＆酪農王国　サラブレッド生産も断トツ

北海道の耕地面積は日本全体の約26％を占め、農業生産物の収穫量ナンバー1が目白押し。小麦、大豆、ばれいしょ（ジャガイモ）、たまねぎなど。サンマ、ウニ、ホタテ、サケ・マス、昆布など海産物の漁獲量、生乳の生産量も日本一だ。酪農王国の道東・オホーツク海に面した人口約1万５０００人の別海町は、牛の飼育数が11万１２８５頭（２０１８年2月）と人口の7倍超にもなる。大半は乳牛（10万３６９９頭）で、生乳の生産量は48万２２２１トンで日本一である。乳牛を飼っている農家（乳用牛飼養戸数）は７０８戸だから、1戸当たりの飼育数は１４６頭という大規模経営だ。耕地農地面積も広い。十勝の更別村は農家一戸当たり50・２haというから驚く。

日本最大の馬産地・日高にはなんと７００以上の牧場がひしめく。ＧⅠ・7勝馬のキタサンブラックも日高町のヤナガワ牧場生まれだ。サラブレッドを中心とする軽種馬の生産頭数（２０１7年）は、全国で７９８６頭。このうち北海道が６９２０頭と87％を占め、なかでも日高地区は５６２８頭と断トツである。２０１９年7月に17歳の生涯を閉じたディープインパクトはノーザンファーム（東胆振《ひがしいぶり》・安平町《あびらちょう》）生まれ。クラシック3冠をはじめＧⅠ・7勝。競走馬としての大活躍はもちろん、種牡馬としても圧倒的な存在感を示し、２０１２年から7年連続でリーディングサイアーに輝いた。日本一、いや世界一のスーパーホースといっていいだろう。

外国人ひしめく高級リゾート・ニセコと眠らない街「ススキノ」

世界が注目する高級スキーリゾート地となったニセコエリアには、超高級コンドミニアムやリゾートホテルなどが林立している。ショップの看板やタウンガイドは英語が当たり前。シーズンの冬場には外国人だらけとなる。外国人の居住者、住民登録者も急増中で、2003年にわずか60人だった倶知安町の外国人の住民登録者数は、2019年1月には2048人に。16年間で34倍になった。町の人口は1万6693人だから、人口の12％が外国人となっている。

出張族や単身赴任族の夜のオアシスといえば、札幌市のススキノ。東京・歌舞伎町、福岡・中州と並び「日本三大歓楽街」と称される賑やかで雑多な街である。一帯の店舗数は3500から4000とみられ、ススキノの夜の人口は約8万人だという。カジュアルバー、コンセプトバー、ガールズバー、パブ、ライブ、ショー、スナック、ニュークラブ、ラウンジなど、実に多彩だ。

ホリエモン（堀江貴文氏）が出資する宇宙ベンチャー「インターステラテクノロジズ」（IST）が2019年5月4日、北海道大樹町で小型観測ロケット「MOMO3号機」の打ち上げに成功した。これを受け、十勝総合振興局に宇宙関連産業推進室が新たに設置された。1980年代から官民一体となった「宇宙のまちづくり」を進めてきた大樹町の今後に期待したい。

青森県

りんご、大間のまぐろと
世界遺産「白神山地」、太宰治

基本データ

面積	9645㎢（全国8位）
位置	北緯40度13分～41度33分 ニューヨークとほぼ同緯度
県庁所在地	青森市（28万4531人）
人口	129万2709人（全国31位）
県の花	りんごの花
県の木	ヒバ
県の鳥	ハクチョウ
県の魚	ひらめ

おもしろ方言

いだわし……………………… もったいない
おどがる……………………… 目が覚める
かまど……………………………… 財産
けやぐ………………………… 友だち
しょし………………………… 恥ずかしい

マグロで有名な大間。本州最北端の大間岬には、マグロモニュメントが立つ

青森県のくらしの通信簿

項目	数値	評価
マネー（平均年収）	526万2000円	D
仕事（有効求人倍率）	1.21	E
住居（家賃／1ヵ月3.3㎡）	3680円（青森市）	A
教育（待機児童率）	0.00	A
医療（医師偏在指標）	172.1	E
環境（都市公園面積／人口1人当たり）	15.64㎡	B
少子化（子ども人口割合）	10.8	E
総合評価		19

青森県　日本一いろいろ

- 世界最長の海底トンネル ……………… **青函トンネル**
  全長53.85km（海底部23.30km）
- パンティストッキング出荷額 …… **55億円**（シェア19.4%）
  （2018年工業統計調査）
- 公衆浴場数（人口10万人当たり） … **24.1軒**
  （全国平均は3.1＝2016年）
- 日本一広い砂丘？ ………………………… **猿ヶ森砂丘**
  南北17km、東西1~2km
  青森県東通村の太平洋岸に広がる砂丘。
  大半が防衛装備庁の下北試験地のため、立ち入りできない。
- 日本一の「自由の女神像」
  （レプリカ） ……………………………… **高さ20.8m**
  おいらせ町（旧百石町）が、ニューヨーク市と北緯40度40分で結ばれていることから、平成2年にふるさと創生交付金で建立。

史上最高値3億3360万円を付けた大間まぐろと世界遺産「白神山地」

2019年1月5日。築地から移転して初めての正月を迎えた東京・豊洲市場で初競りが行われた。注目は、毎年高値が話題になる生の本マグロ。セリでは、驚異の落札価格が飛び出した。青森県大間産の278kgの大物が、史上最高値の3億3360万円で落札されたのだ。1kg当たり120万円。キロ単価も史上最高値だった。これまでの最高値は2013年の大間産で1億5540万円（同70万円）だった。

大間産が初競りで最高値を付けるのは8年連続。「大間まぐろ」の漁法は魚体に傷をつけない1本釣りと延縄《はえなわ》漁。下北半島・大間町の大間崎の前沖5kmという近海で獲れる。大間が全国区になったのは、2000年に大間のマグロ漁師の娘を主人公にしたNHKの連続テレビ小説『私の青空』（ヒロイン・田畑智子）が放送されたのがきっかけだ。

1993年、屋久島と並んで日本で初めて世界自然遺産に登録された白神山地は、秋田県北西部と青森県南西部にまたがる約13万haに及ぶ広大な山地帯の総称。登録された区域は原生的なブナ林で占められている1万6971haで、青森県側の面積が4分の3を占める。人の手が加えられていないブナの天然林の規模は東アジア最大級といわれる。ブナ－ミズナラ群落、サワグルミ群落など多種多様な植物が生育する森にはツキノワグマ、カモシカ、ニホンザル、クマゲラ、イヌワシ、クマタカなど多くの動物たちが棲息している。ブナの森は動物の餌を供給するだけでなく、水源涵養機能や地表浸食防止機能の高さも特徴だ。子どもたち、孫たちの世代に残していきたい貴重な遺産である。

全国の6割近いシェアを誇るりんご王国。シンガポールでは1個４０００円で販売

青森はりんご王国。２０１７年産の収穫量は41万５９００トンで、全国の収穫量75万６１００トンの59%を占める。輸出も好調だ。青森りんごの輸出は、明治27年に函館港から中国（当時の清国）に輸出されたのが始まり。近年は、２００２年に台湾がＷＴＯに加盟したことを契機に、台湾を中心として数量を伸ばしてきた。国産りんごの輸出量は２０１５年に３万６３０４トンと過去最高を記録、その75%が台湾向けだ。以下、香港、中国、タイ、シンガポールと続く。輸出りんごの9割が青森県産だという。海外での評判も良く、シンガポールの高級百貨店で１個４０００円の「世界一」や３２００円の「ふじ」が販売されていたという記事が地元紙に掲載されたことも。津軽出身の太宰治の作品『津軽』の中にも「リンゴ酒」が出てくるくだりがある。りんごは時代を超えて広く愛され続けている。

２０１９年夏は「俳句甲子園」で県立弘前高校が、「短歌甲子園」で県立八戸高校が優勝。文芸の強さを知らしめた。

岩手県

石川啄木、宮沢賢治、世界の二刀流・大谷翔平を生んだ雪国の底力

基本データ

面積	1万5275㎢（全国2位）
位置	北緯38度44分～40度27分
県庁所在地	盛岡市（29万136人）
人口	125万142人（全国32位）
県の花	キリ
県の木	ナンブアカマツ
県の鳥	キジ
県の魚	南部サケ

おもしろ方言

あげず……………………………… とんぼ
かばねやみ…………………………… 怠け者
きどころね………………………… うたた寝
はっかはっかする…………………… どきどきする
むじぇー…………………………… かわいそう

NHKの朝ドラ『あまちゃん』でも話題になった三陸鉄道。震災後、2014年に全線復旧した

岩手県のくらしの通信簿

項目	数値	評価
マネー（平均年収）	608万5000円	C
仕事（有効求人倍率）	1.37	D
住居（家賃／1ヵ月3.3㎡）	4135円（盛岡市）	B
教育（待機児童率）	0.57	C
医療（医師偏在指標）	169.3	E
環境（都市公園面積／人口1人当たり）	11.33㎡	B
少子化（子ども人口割合）	11.3	D
総合評価		19

岩手県 日本一いろいろ

民間最大級の農場 …………………… **小岩井農場**（総面積3000ha）

大正13年に発行された宮沢賢治の『春と修羅』に収められた詩「小岩井農場」には、当時の農場の風景が生き生きと描かれている。農場内には21棟の重要文化財があり、2017年にはイコモス国内委員会により「日本の20世紀遺産20選」に選ばれた

日本短角種（牛）の飼育頭数 ………… **3840頭　全国シェア52%**
（岩手県のサイトより=2016年度）

りんどう出荷量 …………………… **5320万本　全国シェア60%**
（岩手県のサイトより=2016年）

木炭生産量 …………………… **3014トン　全国シェア31.4%**
（岩手県のサイトより=2017年度）

洞窟の総延長 …………………… **安家洞《あっかどう》**（岩泉町）約23.7km

日本一巨大な鉄瓶 …………………… **水沢江刺駅前にあるジャンボ鉄瓶**
（高さ4.65m、重さ1.8トン）

2人のメジャーリーガーを輩出した私立・花巻東高校はじめユニークな学校が揃う

メジャーリーグで活躍する日本人選手が増えている。今年（2019年）の注目は、ポスティングで西武からマリナーズに入団した菊池雄星投手と2年目の大谷翔平（エンゼルス）。甲子園（センバツ）準優勝投手だった菊池。高校卒業前に日米20球団が面談に訪れたという逸話が残っている。8月下旬までの成績は5勝9敗。どこまで勝ち星を積み上げられるか。

その菊池の高校の後輩が世界の二刀流・大谷である。メジャー1年目の2018年は、打者として2割8分5厘、22本塁打、61打点、投手としては4勝2敗、防御率3・31のすばらしい成績を残し、ア・リーグの新人王に輝いた。今年は打者に専念して大活躍中で、2ケタホームラン、100安打に加え、サイクルヒットも記録した。

2人の出身高校が私立花巻東高校である。1982（昭和57）年に私立高校同士が統合してできた学校で、甲子園出場回数は12回。過去に10人のプロ選手を輩出している岩手県の野球強豪校だが、「日本一」はまだない。菊池雄星が高3の時のセンバツ準優勝が最高だ。そんな地方の私立高校からメジャーリーガーが2人も誕生したのだからすごい（メジャーリーガー輩出数では大阪のPL学園の4人が最多）。

「アイデア対決・全国高等専門学校ロボットコンテスト」、通称「高専ロボコン」2018年大会で優勝に輝いた岩手県一関高専。第31回目となった2018年大会のテーマは「ボトルフリップ・カフェ」。一関高専は自動で動く「一角鯨」と手動で操作する「一角獣」の2つのロボットで挑み、決勝戦では相手の函館高専を圧倒。6年ぶり3度目の優勝を果たした。

日本で唯一　潜水士養成の海洋開発科がある種市高校　『あまちゃん』のモデルに

NHKの連続テレビ小説『あまちゃん』の舞台となった〝北三陸市〟。メインロケ地は北三陸沿岸の久慈市をはじめとする5市町村だった。この作品の中で主人公のアキが通う高校のモデルとなったのが、九戸《くのへ》郡《ぐん》洋野《ひろの》町《ちょう》にある県立種市高校だ。この学校には全国で唯一、潜水士と土木の基礎を学べる海洋開発科がある（同科の生徒数は83人）。『あまちゃん』では、主人公の先輩、種市浩一（福士蒼汰）が、銅製ヘルメットと重装備で南部もぐりの訓練をするシーンが放映された。同科の卒業生たちは東京湾アクアラインやレインボーブリッジの建造、海中調査など巨大プロジェクトの最前線で活躍。校内には海洋開発科専用の深さ10mのプールがあるほか、潜水実習船も所有している。ドラマの中で北三陸高校の生徒たちがこぶしを振り上げて勇壮に歌っていた「南部ダイバー」は、この地で愛唱されている歌。作曲者は「北上夜曲」の作曲で知られる安藤睦夫氏（故人）。開校から70年余り。南部もぐりの伝承をしていってほしいものだ。

宮城県

羽生結弦、荒川静香を生み出した
フィギュアスケート発祥の地

基本データ

面積	7282㎢（全国16位）
位置	北緯37度46分〜39度00分 サンフランシスコなどと同緯度
県庁所在地	仙台市（106万2585人）
人口	230万3098人（全国14位）
県の花	ミヤギノハギ
県の木	ケヤキ
県の鳥	ガン
県の獣	シカ

移住希望地域ランキング　18位

おもしろ方言

あっぺとっぺ …………… 辻褄の合わないこと

さらさらえぼ ………………………………… 鳥肌

しぇづねー ……………………………… うるさい

すもう ……………………………………………… 沁みる

ちょどする …………………………… 静かにする

東北の戦国武将といえば伊達政宗。彼が築城したといわれる仙台城に、その騎馬像がある

宮城県のくらしの通信簿

項目	数値	評価
マネー（平均年収）	624万5000円	C
仕事（有効求人倍率）	1.64	C
住居（家賃／1ヵ月3.3㎡）	4527円（仙台市）	B
教育（待機児童率）	1.33	D
医療（医師偏在指標）	232.7	C
環境（都市公園面積／人口1人当たり）	16.71㎡	A
少子化（子ども人口割合）	11.9	D
総合評価		22

宮城県 日本一いろいろ

硯生産量日本一 ………………………… **石巻市雄勝《おがつ》の硯産業**

かつては日本製の硯の9割を生産していたといわれる。東日本大震災で壊滅的な打撃を受けたが、いまも900年続く伝統産業を守ろうと数少ない職人らが再興に向けて取り組んでいる。

かまぼこ消費金額（仙台市） ………… **年間1万512円**

宮城県の県庁所在地、仙台市の名物の一つが笹かまぼこ。明治初期、ヒラメの大漁が続き、その利用と保存のため、すり身にして笹の葉の形にして焼いたのが笹かまぼこのルーツと言われている。仙台市民のかまぼこ好きは消費金額トップとなってあらわれている。全国平均3027円（家計調査2016年～18年平均）

オオハクチョウの生息数 …………… **1万1093羽**
（2018年度環境省ガンカモ類の生息調査）

日本三景の一つ松島。大小260余りの島々が浮かぶ。ここも2011年3月に津波に襲われた

フィギュアスケート発祥地・五色沼と、伊達政宗が造った「貞山運河」

宮城県は冬季五輪のフィギュアスケート金メダリスト2人を輩出している。荒川静香さん（トリノ五輪）と羽生結弦選手（ソチ五輪、平昌五輪）だ。ともに東北高校出身である。2人が育った仙台は、明治期に日本で初めてフィギュアスケートが行われた土地である。明治20年代に仙台在住の外国人が青葉山公園内にある五色沼でフィギュアスケートを始めたといわれている。その後、明治末期になると、旧制二高の学生がドイツ語教官ウィルヘルからフィギュアスケートを学び、全国に技術を普及させた。教えを受けた学生の一人、河久保子朗氏は1916（大正5）年に日本初の教則本『氷滑』を著し、全国に愛好家を増やすきっかけとなった。河久保氏は1920（大正9）年に日本スケート会を創設。1931（昭和6）年には、五色沼で全日本選手権が開催され、優勝者が日本フィギュア界初の五輪代表選手となり、1932年のレークプラシッド五輪で9位になったという。

仙台藩といえば独眼竜政宗こと伊達政宗。彼は晩年、松島湾と阿武隈川を結ぶ運河の建設を命じた。完成は明治中期。全長49kmの日本一長い「貞山運河」である。運河の名前は、政宗の贈り名である「瑞巌寺殿貞山禅利大居士」から取られている。そもそもは、城下町建設に必要な木材の運搬を目的として開削が始まった。阿武隈川と名取川を結ぶ「木挽堀」（15km）が貞山運河最

初の堀である。川と川を堀でつなぐことで木材の運搬効率を飛躍的に向上させた。政宗のすぐれた行政手腕の象徴である。

１４２の漁港から水揚げされる水産物　カジキ、ギンザケ、サメ、ホヤなど日本一がズラリ!

宮城県は「水産宮城」と呼ばれる全国有数の漁業生産県で１４２の漁港がある。２０１７年の海面漁業・養殖業産出額は８１９億４４００万円で、北海道、長崎県、愛媛県に次いで全国４位（農水省の漁業産出額年報）。２０１１年は東日本大震災で９位まで順位を落としたが、復興、復旧が進むにつれ盛り返してきている。魚種別生産量（２０１８年海面漁業生産統計＝農水省）の全国トップは次の通り。

○さめ類１万４９００トン　○かじき類３１００トン
○がざみ類７０００トン　○ぎんざけ１万５９００トン
○ほや類５５００トン

さめといえばフカヒレ。気仙沼市は日本一のフカヒレ産地だ。その加工技術と品質は世界的に評価され、中国や香港にも輸出されている。ひれを取られたさめは、肉はかまぼこに、皮は財布やバッグなどに、軟骨は関節リュウマチなどの医薬品に使われている。

秋田県

小野小町の生誕地　美人を生み出す好環境

佐々木希は6年連続「世界で最も美しい顔100人」

基本データ

面積	1万1637㎢（全国6位）
位置	北緯38度52分～40度30分　北京、マドリードなどとほぼ同じ緯度
県庁所在地	秋田市（30万9654人）
人口	100万223人（全国38位）
県の花	ふきのとう
県の木	秋田杉
県の鳥	やまどり
県の鳥	ハタハタ

おもしろ方言

えふりこぎ……………………………… 見栄っ張り

おべる……………………………………… 分かる

がっこ……………………………………… 漬け物

げっぱ…………………………………… ビリ、最下位

どでんする……………………………… ビックリする

雪の田沢湖駅に停車する秋田新幹線。盛岡駅からは在来線の田沢湖線と奥羽本線を走る

秋田県のくらしの通信簿

項目	数値	評価
マネー（平均年収）	578万円	D
仕事（有効求人倍率）	1.49	D
住居（家賃／1ヵ月3.3㎡）	3950円（秋田市）	A
教育（待機児童率）	0.28	B
医療（医師偏在指標）	180.6	E
環境（都市公園面積／人口1人当たり）	15.41㎡	B
少子化（子ども人口割合）	10.0	E
総合評価		19

秋田県　日本一いろいろ

- 日本一深い湖 ………………………… **田沢湖水深423.4m**

  若さと美しさを保ちたいため、観音様のお告げで湖の水を飲んだ辰子は、のどの渇きがとまらず、やがて龍となって田沢湖の主として身を沈めることになったという辰子姫の伝説が有名。湖畔には「たつ子像」が建っている。

- 食料自給率（カロリーベース）……… **192%**
  （2016年度農林水産省都道府県別食料自給率）

- 後部座席同乗者のシートベルト着用率（高速道路等）……………………… **93.2%**
  （2017年日本自動車連盟調査）

- 刑法犯検挙率 ……………………………… **72.9%** ※3年連続トップ
  （2018年警察庁犯罪統計資料など）

- 70歳以上働ける企業割合 ……………… **40.0%**
  （2018年厚労省高年齢者の雇用状況）

- **第100回全国高等学校野球選手権（2018年）で県立金足農業高校が準優勝**

  農業高校の甲子園準優勝は戦後初の快挙だった。試合後、上半身を大きく反らして歌う「全力校歌」が有名に。エースの吉田輝星投手は日ハムに入団。

秋田に美人が多い理由　世界中で大人気の秋田犬

京美人、博多美人と並び日本三大美人と称される秋田美人。駆け出しの記者時代、出張先の福岡の飲み屋で目元のぱっちりした色白美人と遭遇。秋田の出身だった。それ以来、秋田美人説をかたくなに信じている（笑）。秋田美人の象徴といえば平安時代の歌人・小野小町。クレオパトラ、楊貴妃とともに世界三大美女と言われる（諸説あり）。最大の特徴は肌の白さ。色白美人が多い理由に日照時間の少なさが指摘されている。最も日照時間が長い山梨県の2357時間（気象庁の観測データ＝2017年）の68％、1600時間しかない。良質の水の影響、とくに玉川温泉から玉川に流れ込む酸性の水が美白に影響を与えているという説もある。雨雪の多さは保湿効果につながっているとも。睡眠時間の長さも関係があるかもしれない。秋田県民の睡眠時間は8時間2分で全国トップ（2016年社会生活基本調査）。こうした環境が色白美人を生み出しているというのである。

さらに、ウソか真かわからないが、はるか昔に北方白人系民族との交流があったのではないかとの説や、関ケ原の戦いの後、徳川陣営に常陸からの転封を命じられた佐竹義宣が、領内の美人をすべて引き連れたとの珍説もある。現代版の秋田美人といえばタレントの佐々木希か。米国サイトの「世界で最も美しい顔の100人」に6年連続でランクインした。

秋《あき》田《た》犬《いぬ》の存在感も大きい。国犬として天然記念物6犬種の一つに選ばれている。1932（昭和7）年、朝日新聞に忠犬として報道された「ハチ公」によって秋田犬は大きな脚光を浴び、1937年に来日したヘレン・ケラーが米国に秋田犬を連れ帰り、米国でも人気になった。最近は2018年の戌年に、平昌五輪フィギュアスケートの金メダリスト、ロシアのザギトワ選手に「マサル」が贈られ、人気が再燃。大館市内にある秋田犬保存会の博物室の来場者は2016年に6706人だったのが、17年は1万人を超え、18年は約2万人へと倍増したという。かつてはマタギの猟犬、藩主の佐竹氏が奨励した闘犬として活躍した秋田犬。2009年にはハリウッドで忠犬ハチ公の映画がリメイクされ、世界的な人気犬となっている。

「教育日本一」データが目白押し　全国有数の教育県

秋田県は子どもたちの教育関連データに日本一が目白押しだ。文部科学省の「全国学力・学習状況調査」（2018年）によると、全国トップの項目がこれだけある。

○公立小学校6年国語A平均正答率　77％　○公立小学校6年国語B平均正答率　61％
○公立中学校3年国語A平均正答率　80％　○公立中学校3年国語B平均正答率　66％
○公立小学校6年理科　平均正答率　66％

全国有数の教育県なのである。

山形県

さくらんぼ、芋煮会、「おしん」、そして大家族

基本データ

面積	9323k㎡（全国9位）
位置	北緯37度44分～39度12分
県庁所在地	山形市（24万6904人）
人口	109万5383人（全国36位）
県の花	べにばな
県の木	さくらんぼ
県の鳥	オシドリ
県の獣	カモシカ

おもしろ方言

あえべ …… 行こう

うだる …… 捨てる

けなり …… うらやましい

ころどや …… 一軒家

むがさり …… 花嫁

蔵王の名所「御釜」。火口湖は光の加減で色が変わり、五色沼とも呼ばれる

山形県のくらしの通信簿

項目	数値	評価
マネー（平均年収）	697万3000円	B
仕事（有効求人倍率）	1.52	C
住居（家賃／1ヵ月3.3㎡）	4189円（山形市）	B
教育（待機児童率）	0.17	B
医療（医師偏在指標）	189.4	E
環境（都市公園面積／人口1人当たり）	16.72㎡	A
少子化（子ども人口割合）	11.6	D
総合評価		23

山形県　日本一いろいろ

- 西洋なし収穫量 …………………… **1万7700トン 全国シェア65.8%**（2018年果樹生産出荷統計）
- 滝の数（落差5m以上） ……………… **230ヵ所**（環境省・第3回自然環境保全調査）
- 3世代同居率 ………………………… **17.8%**（全国平均5.7%=2015年）
- 即身仏の数 …………………………… **8体**（江戸時代以降の湯殿山系即身仏の数）

大正ロマンの郷愁を感じる銀山温泉。NHK連続テレビ小説『おしん』の舞台にもなった

最高視聴率62・9%『おしん』の舞台　さくらんぼ収穫量は断トツ

国民的ドラマといえるNHKの「連続テレビ小説」で歴代最高の平均視聴率52・6%を記録した『おしん』（原作、脚本・橋田寿賀子）。最高視聴率は62・9%。アジア各国をはじめ世界68ヵ国・地域で放送され、世界で最もヒットした日本のテレビドラマと言われている。その舞台となったのが山形県だ。貧しい農家に生まれ、7歳の春に丁稚奉公に出される少女おしん。娘を両親が見送る最上川の川下りのシーンは、ドラマの代表場面だ。山形が日本一のドラマを生み出したと言ってもいいだろう。

山形県といえば何と言ってもさくらんぼ。県の木にもなっている。収穫量は年間1万4200トン（2018年果樹生産出荷統計＝農水省）。全国シェアはなんと78%にもなる。まさに「さくらんぼ王国」である。山形県で栽培が始まったのは明治初期。味、人気ともにナンバー1の「佐藤錦」は、東根市の果樹園経営者・佐藤栄助氏（1867年〜1950年）が、1912年から16年間の試行錯誤を経て1928年に世に送り出した最高品種だ。県内の観光果樹園には年間約50万人が訪れている。「将棋のまち」天童市は、全国の将棋駒の9割を生産。桜の時季には「人間将棋」が開催される。

三世代同居率が全国平均の3倍　自動車所有数もトップ

9人家族だった「おしん」の家ほどではないだろうが、山形県には大家族が多い。2015年の国勢調査によると、山形県の三世代同居率は17・8%で堂々の日本一。全国平均は5・7%。2位は福井県の14・9%。最低は東京都の1・8%だから、山形県の十分の一である。

また、一世帯の平均人員も2・78人で全国1位（平均は2・33人）だ。ちなみに一住宅当たりの住宅敷地面積は全国2位である。世帯の人数が多く、三世代が同居している率が高いのだから、大家族が多くなるわけだ。自動車所有数量（千世帯当たり）も2111台でトップ。

ジョン・F・ケネディが尊敬した上杉鷹山

山形を代表する政治家と言えば、江戸時代の米沢藩主だった上杉鷹山《ようざん》。破産状態だった米沢藩を再建した手腕を尊敬する人は多い。米国のジョン・F・ケネディ大統領が尊敬する日本人を聞かれ、上杉鷹山の名を挙げたという説もある（真偽は不明）。そんな偉大な政治家はたばこ好きで、こんなエピソードがある。煙草盆の中の火種が消えそうなことに気づいた鷹山が息を吹きかけて火をおこした。その時、周りの家臣たちに「消えかかった火種も熱心に息を吹きかければ再び燃え上がる。藩政改革も一緒だ」と諭したという。愛煙家だったと言われている鷹山らしい。

福島県

「全国新酒鑑評会」金賞受賞数
6年連続日本一の実力

基本データ

面積	1万3783㎢（全国3位）
位置	北緯36度47分～37度58分
県庁所在地	福島市（27万9307人）
人口	190万1053人（全国21位）
県の花	ネモトシャクナゲ
県の木	ケヤキ
県の鳥	キビタキ

移住希望地域ランキング　10位

おもしろ方言

いやんべ……………………………… ほどよい
くさし………………………………… 怠け者
こじはん……………………………… おやつ
ざんぞ………………………………… 陰口
ずねー………………………………… 大きい

美しい鉄道路線として鉄道ファン以外にも人気のJR只見線。第一只見川橋梁は絶景！

福島県のくらしの通信簿

項目	数値	評価
マネー（平均年収）	609万2000円	C
仕事（有効求人倍率）	1.52	C
住居（家賃／1ヵ月3.3㎡）	4056円（福島市）	B
教育（待機児童率）	0.81	C
医療（医師偏在指標）	177.4	E
環境（都市公園面積／人口1人当たり）	11.95㎡	B
少子化（子ども人口割合）	11.6	D
総合評価		20

福島県 日本一いろいろ

夏秋きゅうり収穫量 …………………… **3万1300トン**
（2018年農水省作物統計）

桐材生産量 …………………………… **196㎥**
（2017年農水省 特用林産物統計調査）

医療用機械器具・同装置出荷額 …… **826億4200万円**
（2018年工業統計調査）

印刷装置・同装置部品出荷額 ……… **983億1200万円**
（2018年工業統計調査）

桃の消費量（福島市）………………… **1万178g**（全国平均1436g）
（家計調査2016～18年平均）

生鮮果物消費量（福島市）…………… **9万2668g**（全国平均7万4176g）
（家計調査2016～18年平均）

「日本一の酒処ふくしま」の本領発揮　世界的コンペでチャンピオンに

福島県は知る人ぞ知る銘酒づくりのメッカである。県内には約60の蔵元があり、出荷量（課税移出数量＝２０１７年度）は１万３１８６kℓで全国７位（トップは兵庫県）。１人当たりの販売量（消費量＝２０１７年度）は７・６ℓで全国４位となっている。

特筆すべきは、明治44年から続く国内最大規模の鑑評会「平成30酒造年度全国新酒鑑評会」で、県内の蔵元から22銘柄が金賞に選ばれたこと。７年連続で金賞受賞蔵数第１位を記録、全国初の快挙である。

２０１８年は「日本一の酒処ふくしま」の本領を発揮する受賞があった。世界的なワインコンペ「インターナショナル・ワイン・チャレンジ」の「ＳＡＫＥ」部門で「奥の松　あだたら吟醸」（奥の松酒造＝二本松市）が、最優秀賞「チャンピオン・サケ」に輝いたのだ。福島の酒づくりの実力が世界に認められたのである。

直接的な日本一テーマではないが、明るい話題を。２０１１年の東日本大震災と東京電力福島第一原発事故で落ち込んでいた福島県の移住者が、ここへきて急増している。２０１０年度の移住世帯数は72だったが、大震災と原発事故で２０１１年度は31に激減。その後も40世帯台が続いていたが、15年度の61世帯から増え始め、16年度は１１７世帯、17年度は１９４世帯（３０５人）、

18年度は390世帯（557人）へと急増している。しかも20代から40代が増えているのが特徴。復興支援などを目的に福島に居住した人たちが、農林水産業や観光業に従事するケースが多いという。県は、移住者への支援制度を拡充し、18年度は40代以下が78％で、最多は20代で110世帯だった。受け入れ態勢の整備に力を入れている。

納豆の本場を抜いて「納豆消費金額」が日本一多い

納豆といえば本場はなんといっても茨城県である。「水戸納豆」「おかめ納豆」の名前は全国に知られている。ところが、その納豆王国の水戸市が、県庁所在地における年間消費金額では福島市の後塵を拝しているのだ。総務省の家計調査（2016年～18年の平均）で、納豆消費金額（年間）のトップは福島市で6136円（全国平均4005円）。唯一6000円台で、2位盛岡市5910円、3位水戸市5809円を上回った。意外な結果だが、納豆消費が多い理由として「昔から、山間部地域の冬場のたんぱく源補給食品として日常的に食べられてきた」という説があるという。

旅行新聞新社が実施している「プロが選ぶ日本のホテル・旅館100選」で、2016年（第42回）に石川町・母畑《ぼばた》温泉の「八幡屋」が総合1位に選ばれた。

茨城県

ブランド調査で最下位常連だが、知られざる魅力がいっぱい！

基本データ

面積	6097㎢（全国24位）
位置	北緯35度44分～36度56分
県庁所在地	水戸市（27万2485人）
人口	293万6184人（全国11位）
県の花	バラ
県の木	梅
県の鳥	ヒバリ
県の魚	ヒラメ

おもしろ方言

あえぶ……歩く

おどめ……赤ちゃん

ごじゃっぺ……でたらめ、いい加減

そべーる……甘える

ひとまめ……人見知り

日本三名瀑のひとつ袋田の滝。高さ120m、幅73mもあり、厳冬期に全凍結することもある

茨城県のくらしの通信簿

項目	数値	評価
マネー（平均年収）	647万9000円	C
仕事（有効求人倍率）	1.63	C
住居（家賃／1ヵ月3.3㎡）	3960円（水戸市）	A
教育（待機児童率）	0.59	C
医療（医師偏在指標）	179.3	E
環境（都市公園面積／人口1人当たり）	9.27㎡	C
少子化（子ども人口割合）	12.1	C
総合評価		21

茨城県 日本一いろいろ

- 青銅製の清立像として世界最大 …… **牛久大仏**（全高120m＝ギネス記録）
- サメの飼育種類日本一 …… **アクアワールド・大洗**（54種）
- 日本一長い滑り台 …… **奥日立きららの里「わくわくスライダー」**（全長1188m）
- ビール出荷額 …… **1479億円**（シェア13.4%）（2018年工業統計調査）
- 日本初いろいろ
  うな丼（牛久沼が発祥の地）／サッカー専用スタジアム（県立カシマサッカースタジアム1993年3月完成）／オセロ（1945年水戸市の中学生だった長谷川五郎氏が原形を考案。名付け親は父の長谷川四郎氏（英文学者））＝茨城県のサイトより

日本三大○○が8つもあるゾ！

都道府県のブランド力を示す「地域ブランド調査」（ブランド総合研究所）で6年連続ビリとなった茨城県だが、海あり、山あり、湖ありの茨城には魅力が満載だ。県のサイトが頑張って魅力と実力を紹介している。まずは「茨城の日本三大」。

①日本三名瀑　袋田の滝（大子町）。華厳の滝（栃木県）、那智の滝（和歌山県）と並ぶ。西行法師がこの地を訪れ、「この滝は四季に一度ずつ来てみなければ真の風趣は味わえない」と絶賛したとか。

②日本三名園　偕楽園（水戸市）

③日本三大楼門　鹿島神宮（鹿嶋市）

④日本三大稲荷　笠間稲荷神社（笠間市）

⑤日本三大紬　結城紬（結城市）

⑥日本三大花火大会　土浦全国花火競技大会（土浦市）

いかがだろうか。これらの魅力だけでもブランド力は大幅にアップすると思うのだが。

研究学園都市「つくば市」には140ヵ国の外国人が居住

茨城県には研究開発機関が300以上もあり、2万7000人あまりの人々が日々、研究活動に従事している。日本最大の東京都の研究機関数は994で、働いている人は3万9949人（2016年経済センサス）だから、茨城の充実ぶりが分かる。人口当たりでみた集積ぶりは間違いなく日本一だろう。つくばエクスプレス開業以降、人口が増え続けているつくば市は、1985年に国際科学技術博覧会が開催されたことで有名。2016年にはG7茨城・つくば科学技術大臣会合が開かれた。日本を代表するこの研究学園都市には研究関連の外国人住民が多く、140ヵ国9200人以上の人々が暮らしている。2018年には経済・社会・環境3側面における新しい価値創出を通して持続可能な開発を実現するポテンシャルが高い「SDGs未来都市」（全国で29都市）に選ばれた。

「農業王国」・茨城には収穫量日本一がいっぱい！

茨城県の耕地面積割合は27・5％で全国1位（2017年）。数え切れないほどの作物が収穫量日本一となっている。レンコン（2万9500トン＝全国シェア48・0％）、ちんげんさい（1万1700トン＝同27・1％）、ピーマン（3万5500トン＝同24・1％）、メロン（4万トン＝同25・8％）、くり（4150トン＝同22・2％）など。ほしいも、レタス（春・冬）、みずな、鶏卵、まいわし、サバ類、エビ類も収穫量・生産量・漁獲量日本一だ。

栃木県

「いちご王国」と世界遺産「日光」で世界を魅了

基本データ

面積	6408㎢（全国20位）
位置	北緯36度11分〜37度09分
県庁所在地	宇都宮市（52万2688人）
人口	197万6121人（全国19位）
県の花	やしおつつじ
県の木	トチノキ
県の鳥	オオルリ
県の獣	カモシカ

おもしろ方言

えっちかる……………………………… 座る
かんぞ……………………………… かわいがる
じゃんぼん……………………………… 葬式
ちっぽけっぽ……………………………… アリ地獄
はんかきらす……………………………… いたずらする

日本一標高の高い場所にある湖、中禅寺湖。男体山がそびえ、北西には戦場ヶ原がある

栃木県のくらしの通信簿

項目	数値	評価
マネー（平均年収）	646万8000円	C
仕事（有効求人倍率）	1.44	D
住居（家賃／1ヵ月3.3㎡）	3776円（宇都宮市）	A
教育（待機児童率）	0.13	B
医療（医師偏在指標）	216.7	D
環境（都市公園面積／人口1人当たり）	14.02㎡	B
少子化（子ども人口割合）	12.3	C
総合評価		23

栃木県 日本一いろいろ

二条大麦収穫量 …………………………… **2015～17年 3年連続トップ**

2018年は3万1000トンでライバルの佐賀県（3万4400トン）に軍配が上がった（作物統計調査）。

カメラ用交換レンズ出荷金額 ……… **859億3300万円**（シェア38.3%）
（2018年工業統計調査）

年間ギョーザ消費額（宇都宮市） …… **4258円**
（2017年）

毎年、浜松市と激しいトップ争いを繰り広げている。2017年は宇都宮市がトップだったが、2018年は浜松市が3501円、宇都宮市が3241円で逆転された（家計調査）。

羽毛ふとん出荷額 ………………………… **43億9900万円**
（2018年工業統計調査）

51年連続生産量1位を誇る「いちご王国」と世界遺産「日光」

「栃木のいちばん」で思いつくのは、なんといってもいちごである。2018年の収穫量は2万5100トンで、51年連続で日本一を維持している。全国シェアは15・3%。すごいのは10aあたりの収量（4560kg）で、全国平均3110kgの1・47倍にもなる。県内で生産が本格化したのは1950年代の半ば。冬の日照時間の長さ、日中と夜の寒暖差が栽培に適し、大消費地の首都圏に近いことが生産増に拍車をかけた。栃木県には全国で唯一の専門研究機関「栃木県いちご研究所」があり、日々、栽培技術の研究が行われている。2018年1月15日には、同日を「いちご王国・栃木の日」とすることを福田富市知事が宣言した。最近は「とちおとめ」の後継として開発した「スカイベリー」のPRに力を入れている。

インバウンドに絶大な人気を誇るのが日光だ。日光二荒山神社、日光東照宮、日光山輪王寺の「日光の2社1寺」が1999（平成11）年に世界遺産に選ばれてから20年経った。いまや日光は世界からの観光客が続々と押し寄せ、京都並みの人気ぶりである。2017年には日光市を訪れた観光客数は1209万人となり、06年の5市町村合併以来の最多となった。外国人宿泊者数も前年比10%増の10万1704人で2年連続で過去最多を記録した。台湾をはじめとしたアジア圏が約6万5000人で最も多い。北米、欧州、オセアニア3圏からは2万9235人で、前年

比44・９％増と大きく伸びている。徳川家康を神格化した東照大権現を祀っている日光東照宮の華麗で豪華な建造物の魅力が、多くの外国人を惹きつけている。

世界一の杉並木と杉の葉を原料とした「杉線香」の出荷額ナンバー1

栃木県の伝統工芸品の一つに杉線香がある。江戸時代末期に旧・今市市（現在の日光市）で杉の葉を原料とした線香がつくられ始めた。今は日光市、鹿沼市、栃木市などで作られている。３ヵ月ほど乾燥させた杉の葉を粉砕機や水車を利用して粉末にしたものに湯と糊を加えて成型する。栃木県の線香類の出荷額は29億９５００万円（２０１８年工業統計調査）で全国3位。杉線香の生産量は日本一と言われている。

世界一の杉並木が続くのは日光街道、例幣使《れいへいし》街道、会津西街道。長さは何と37㎞に及ぶ。ギネスブックにも登録されている。この杉並木は江戸時代に徳川家康の家臣だった松平正綱が植えたものである。国の特別史跡、特別天然記念物の指定を受けている。

群馬県

日本を代表する名湯・草津温泉のほかにも意外なナンバー1が

基本データ

面積	6362㎢（全国21位）
位置	北緯35度59分～37度3分 米国のデスバレー国立公園とほぼ同位置。
県庁所在地	前橋市（33万7502人）
人口	198万1202人（全国18位）
県の花	レンゲツツジ
県の木	クロマツ
県の鳥	ヤマドリ
県の魚	アユ

移住希望地域ランキング　14位

おもしろ方言

おこんじょ……いじわる
かしょー……誘う
けなりー……うらやましい
すでぇ……とても、すごく
ほまち……へそくり

嬬恋高原キャベツ畑。広大な景色に緑の絨毯が広がる。夏秋キャベツの生産量日本一

群馬県のくらしの通信簿

項目	数値	評価
マネー（平均年収）	613万9000円	C
仕事（有効求人倍率）	1.75	B
住居（家賃／1ヵ月3.3㎡）	3666円（前橋市）	A
教育（待機児童率）	0.05	A
医療（医師偏在指標）	208.2	D
環境（都市公園面積／人口1人当たり）	13.00㎡	B
少子化（子ども人口割合）	12.1	C
総合評価		26

群馬県 日本一いろいろ

だるま年間出荷数 …………………… 約90万個

江戸時代から作られている高崎だるま。全国シェアの約80％を占めている。

家電量販店トップ …………………… ヤマダ電機

前橋市で創業し、高崎市に本社がある。売上高1兆6005億円（2019年3月期）で業界トップ。

生糸王国 ………………………………… 世界遺産「富岡製糸場」

2014年に「富岡製糸場と絹産業遺産群」が世界遺産に登録された。明治5年から操業を始めた富岡製糸場をはじめ、高崎市の旧新町紡績所など、貴重な遺産が残る群馬は、現代になっても繭の生産量（45.8トン＝2016年度）、生糸の生産量（11.5トン＝同）は日本一だ。

「埴輪」国宝・国重要文化財指定数…… 22

国宝・国重要文化財に指定されている埴輪は国内に58件あるが、うち22件は群馬県から出土したもの。唯一の国宝埴輪は太田市で出土した「埴輪武装男子立像（挂甲の武人）」で、東京国立博物館が所蔵している。

日本三名泉の草津温泉とこんにゃく、キャベツは日本一

♪草津よいとこ一度はおいで……でおなじみの草津温泉。有馬温泉（兵庫県）、下呂温泉（岐阜県）と並ぶ日本三名泉の草津温泉は、「第32回にっぽんの温泉100選」（観光経済新聞社主催）で16年連続で1位に輝いた日本を代表する温泉地。草津温泉は自然湧出量が毎分3万2300ℓで、別府温泉の2倍以上あり、堂々の日本一だ（群馬県の小冊子『ぐんまがいちばん』から）。

群馬県には温泉地が100ヵ所以上あり、関東一の数を誇る。♨が、温泉を表す記号として最初に描かれたのは江戸時代、1661（万治4）年の絵図で、磯部温泉（安中市）を表す記号として描かれたそうだ。磯部温泉は♨マーク発祥の地となった。

全国の温泉地で販売されている「温泉饅頭」の発祥地は伊香保温泉。明治43年に源泉「黄金の湯」の色をイメージした「湯の花饅頭」を作り上げた。1934（昭和9）年の昭和天皇の行幸の際、天皇が大量に購入されたことが話題となり、全国の温泉地に温泉饅頭が広まったという。

群馬県を代表する農作物のひとつが「こんにゃく芋」だ。明治後半に吾妻地域で栽培が始まったといわれている。種芋を植え付けてから出荷まで2～3年を要す手間のかかる産物だが、近年はダイエット食品として世界中で注目されている。群馬の収穫量は全国の90％以上で断トツだ。

嬬恋村を中心に栽培されている夏秋キャベツも収穫量日本一。嬬恋村は「日本武尊」が愛妻を

しのんだ地という地名の由来から、キャベツ畑の中にある「愛妻の丘」で、毎年9月に「キャベツ畑の中心で妻に愛を叫ぶ（キャベチュー）」というイベントを開催している。

あの有名商品の製造企業は群馬が創業地だった！

群馬県は食品産業が盛んな地。「ペヤングソースやきそば」を製造している「まるか食品」は1929（昭和4）年、伊勢崎市で創業した。「サッポロ一番」で知られる「サンヨー食品」（本社・東京都港区）は、1953年前橋市に創業した「富士製麺」がルーツ。1961年に現在の社名に改称している。サンヨー食品ブランドとしての第一号は「ピヨピヨラーメン」だった。「サッポロ一番（しょうゆ味）」が誕生したのは1966年のことだった。サンヨー食品は大手5社による激しい即席めんの販売競争が続くなか、業界紙などの報道では、袋麺でシェア日本一となっている（カップ麺のトップは日清食品）。

2018年の工業統計調査で群馬県が出荷額1位となった品目には「乗用車ボデー」（シェア64・5％）、「プラスチック製ボタン」（同34・3％）などがある。

埼玉県

『翔んで埼玉』の「彩の国」は「川の国」「自転車王国」だった！

基本データ

面積	3797㎢（全国39位）
位置	北緯35度45分～36度17分 テヘラン、ラスベガスなどと同緯度
県庁所在地	さいたま市（130万2256人）
人口	737万7288人（全国5位）
県の花	サクラソウ
県の木	ケヤキ
県の鳥	シラコバト
県の魚	ムサシトミヨ

おもしろ方言

いんごっぱち……強情者
うちゃる……捨てる
しあんぼ……けち
せなご……長男
ちゃぞっぺー……茶菓子

瀬や淵、崖の表情が美しい長瀞。地質学的に地球の内部を観察でき「地球の窓」とも

埼玉県のくらしの通信簿

項目	数値	評価
マネー（平均年収）	671万9000円	B
仕事（有効求人倍率）	1.34	D
住居（家賃／1ヵ月3.3㎡）	6242円（さいたま市）	E
教育（待機児童率）	0.91	C
医療（医師偏在指標）	178.7	E
環境（都市公園面積／人口1人当たり）	6.87㎡	E
少子化（子ども人口割合）	12.2	C
総合評価		15

埼玉県 日本一いろいろ

節句・ひな人形出荷額 …… **39億円**（2018年工業統計調査）

加須市では5月に全長100mの日本一大きなこいのぼりが泳ぐ。

医薬品製剤出荷額 ………… **492億8500円**（2018年工業統計調査）

化粧水出荷額 ……………… **7572億円**（2018年工業統計調査）

アイスクリーム出荷額 …… **855億1700万円**（2018年工業統計調査）

日本初の帝王切開

1852（嘉永5）年に初の帝王切開が現在の飯能市で行われた。オランダの産科書を見ながらの麻酔なしの開腹手術で、母体も無事だったという。

川越市の街並みと時の鐘。「残したい日本の音風景100選」に認定されている

河川面積日本一の川の県のもう一つの顔は自転車王国

映画『翔んで埼玉』の大ヒットで注目の埼玉県。東京のベッドタウンのイメージが付きまとうが、どっこい知られざる日本一の宝庫だった。まず川の存在感。県土に占める河川の面積が3・9%で全国1位（埼玉県のサイトより）。県内には荒川、利根川の二大河川に加え、長瀞や飯能河原など清流が多い。一級河川の数は162もある。ユニークなのは荒川の鴻巣市・吉見町間の川幅2537mで、2008年に川幅日本一と認定された。このニュースに地元は沸き、うどんがご当地料理の鴻巣市は町おこしの一環として市内の飲食店に幅広うどんの開発を依頼。09年には幅7、8cmの「こうのす川幅うどん」がご当地グルメとしてデビュー。今ではすっかり名物となっている。

勾配が緩やかな地形面積が特徴的な埼玉県では自転車が大活躍。18世紀初め本庄市に住んでいた組頭庄田門弥によって発明された「足踏み式自走四輪車」が世界最古の自転車機能という研究論文から埼玉は「自転車発祥の地」といわれている（諸説あり）。そんな土地柄だけにサイクリングロードの整備がすごい。利根川自転車道（2021年まで一部迂回あり）、荒川自転車道など6コースあり、総延長は180km。日本最長クラスのサイクリングロードだ。また、1世帯当たりの保有台数は1・503台で、滋賀県、大阪府に次いで全国3位（平成30年度自転車保有実態に関する調査報告書＝自転車産業振興協会）となっている。「川の国」は全国を代表する「自転車王国」でもある。２０１３年からは「ツール・ド・フランス・さいたまクリテリウム」も開催されている。

8年連続「快晴日本一」の記録がついにストップ！

毎年夏になると最高気温が話題になる熊谷市に、気象庁の熊谷地方気象台がある。２００７年には最高気温40・9度を観測した。埼玉は夏の暑さが厳しい県である。同時に、「雲一つないピーカン」状態の快晴日数の多さもピカイチだ。２００９年から２０１６年まで8年連続「快晴日本一」と報道されたこともある。２０１６年の快晴日数は年間56日。2位の群馬県46日、3位の静岡県40日を大きく引き離した。ところが、２０１７年に〝事件〟が起きた。埼玉県の年間の快晴日数は61日で、静岡県の62日に抜かれてしまったのだ。翌18年になると埼玉は47日、静岡は64日と大きく水を開けられてしまった。埼玉、ピンチである。とはいえ、過去の平均、年間日本一の回数からすれば、「快晴県」であることは間違いない。

意外な歴史もある。１８５２（嘉永5）年、現在の飯能市でわが国初の帝王切開が行われた。オランダの医学書を見ながら、麻酔梨の手術で、母子ともども無事だったという。

千葉県

日本を代表する「ゴルフ場銀座」と落花生、醤油

基本データ

面積	5157㎢（全国28位）
位置	北緯34度53分～36度06分
県庁所在地	千葉市（97万49人）
人口	631万1190人（全国6位）
県の花	なのはな、マキ（槙）
県民鳥	ホオジロ
県の魚	タイ

おもしろ方言

あちこい……うらやましい
いしてー……安っぽい
いしゃ……お前
おじくそ……臆病者
ごじゃらっぱ……分からず屋

懸垂型モノレールとして営業距離世界最長（15.2km）のギネス認定を受けた千葉モノレール

千葉県のくらしの通信簿

項目	数値	評価
マネー（平均年収）	661万1000円	B
仕事（有効求人倍率）	1.34	D
住居（家賃／1ヵ月3.3㎡）	4978円(千葉市)	B
教育（待機児童率）	0.88	C
医療（医師偏在指標）	200.5	D
環境（都市公園面積／人口1人当たり）	6.60㎡	E
少子化（子ども人口割合）	12.0	C
総合評価		19

千葉県 日本一いろいろ

懸垂型モノレール営業距離 ………… 15.2km

1988年開業の千葉モノレールの営業距離が懸垂型モノレールでは世界一。ギネスブックにも登録されている。

中の島大橋 ……………………………… 日本一高い遊歩道

木更津市の鳥居崎海浜公園木更津港内に浮かぶ中の島に架かる「中の島大橋」（長さ236m）は、高さが約27mで「日本一高い歩道橋」といわれている。TVドラマ『木更津キャッツアイ』のロケ地にもなった。

銚子港水揚げ ……………………… 25万2386トン(2018年)

銚子港の水揚げ高は日本一。2018年には8年連続で日本一となった（銚子市の集計）。2位の焼津港に8万トン以上の大差をつけた。水揚げ金額は296億円で4位。

8年連続で水揚げ量日本一となった銚子港。最新の2018年は25万2386トンだった

全国一のゴルフ場銀座と8割のシェア誇る落花生

日本を代表する「ゴルフ場銀座」といえば千葉県。日本ゴルフ場経営者協会の調べだと、２０１７年末時点で千葉県には１６３のゴルフ場がある。これは兵庫県の１６６に次いで2位なのだが、利用者数でみると７９１万５４０４人で、兵庫県に約１５０万人の差をつけて堂々のトップである。さらに市原市にはなんと33ものゴルフ場があり、ひとつの都市では断トツの日本一である。その市原市では、市の主催で「いちはらゴルフ場巡り33」というスタンプラリーを実施している。5ヵ所、11ヵ所、22ヵ所、33ヵ所の達成ごとに市内の特産品をプレゼントする。33ヵ所達成のプレーヤーには温泉旅行のペア宿泊券などの賞品がプレゼントされるというからありがたい。

農業が盛んな千葉では収穫量日本一の農作物が目白押し。ねぎ、だいこん、ホウレンソウ、マッシュルーム、春菊、なばな、パセリなど。中でも有名なのが落花生だ。２０１７年の収穫量は１万３０００トンで全国（１万５６００トン）の８割のシェアを誇る。県内のトップ産地は八街《やちまた》市《し》で、「八街産落花生」は地域ブランドとなっている。自然乾燥させた新豆が市場に出回るのは11月に入ってから。全国落花生協会は１９８５年に11月11日をピーナッツの日と制定した。

江戸時代からつづく野田の醤油づくりと日本の玄関口「成田空港」の実力

醤油は全国いたるところで作られているが、圧倒的シェアを誇るのは千葉県。メッカは世界一の醤油メーカー・キッコーマンがある野田市である。しょうゆ情報センターのデータによると全国の醤油出荷数量（2018年）は75万7237kℓ。千葉県の出荷量は28万3270kℓで37％のシェアを占める。

野田市で醤油作りが始まったのは、伝承では永禄年間（1558〜70年）のことだが、商品化という意味では1661（寛文元）年に高梨兵左衛門が醤油醸造を開始してからだという。その後は高梨兵左衛門家と茂木佐平治家の醤油が幕府御用醤油になった。明治期に規模が拡大し、1917（大正6）年には茂木一族と高梨一族の八家合同による野田醤油株式会社（キッコーマンの前身）が誕生した。

インバウンドが急増する中、日本の玄関口・成田空港の国際線旅客数（2018年）は年間3535万2033人で、外国人は1736万5312人だ。国際線の発着回数は20万2953回（貨物便等を含む）。一日当たり556回。すごい数である。成田空港を利用する外国人に人気となっているのが「Narita Transit & Stay Program」。成田山新勝寺や門前町をめぐる「成田山コース」、航空科学博物館などをまわる「芝山町コース」など8つのコースが用意されている。

東京都

メトロポリタン東京を象徴する日本一

基本データ

面積	2193㎢（全国45位）
位置	北緯20度25分～35度53分 南端は小笠原村
県庁所在地	新宿区（34万6162人）
人口	1374万732人（全国1位）
都の花	ソメイヨシノ
都の木	イチョウ
都民の鳥	ユリカモメ

おもしろ方言

おしたじ……しょうゆ
おつもり……酒がなくなること
はんちく……中途半端
まみえ……眉
やっちゃば……青果市場

赤レンガ造りが特徴的な東京駅丸の内口駅舎。東京駅はプラットホーム数が日本一

東京都のくらしの通信簿

項目	数値	評価
マネー（平均年収）	764万円	A
仕事（有効求人倍率）	2.13	A
住居（家賃／1ヵ月3.3㎡）	8566円（都区部）	E
教育（待機児童率）	1.19	D
医療（医師偏在指標）	329.0	A
環境（都市公園面積／人口1人当たり）	4.31㎡	E
少子化（子ども人口割合）	11.2	D
総合評価		21

東京都 日本一いろいろ

- インバウンド（訪日外国人）の都道府県別訪問率…………………… **46.2%**（日本政府観光局のデータ＝2017年）
- 1世帯当たり貯蓄現在高（二人以上の世帯）………………………… **1966万9000円**（全国消費実態調査＝2014年）
- 映画・演劇等入場料への年間金額（東京都区部）…………… **1万1692円**（家計調査2016〜18年平均）
- 世界の安全な都市ランキング……… **第1位**（2019年9月）2015年より3年連続首位。英誌エコノミストが選出。

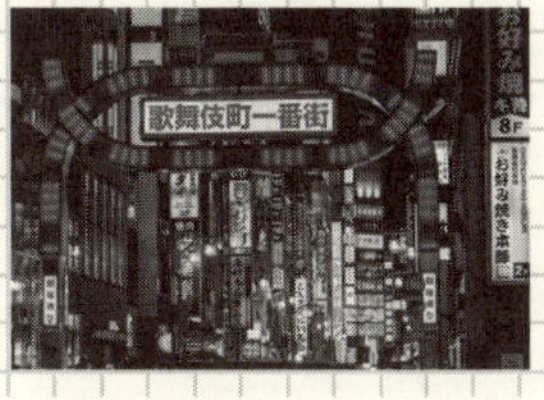

日本一の歓楽街として知られる新宿歌舞伎町。近年はホテルが整備され海外旅行客が目立つ

人、人、人の東京　1997年から23年連続で増加　外国人人口も55万人

東京の日本一は、なんといっても1380万人を超すマンパワーだろう。人口減が続く日本で、東京の人口だけは増え続けている。2018年の人口移動報告によると、東京は7万9844人の転入超過。前回の東京五輪開催直前の1963（昭和38）年に1000万人を超した東京はおよそ半世紀で人口が385万人も増え、巨大都市に膨れ上がった。人口密度は6168人。全国平均（341人）の18倍である（2015年国勢調査）。地獄の通勤ラッシュも当然だ。

外国人も多い。2019年1月1日現在の都内の外国人人口は55万1683人。上位は①中国21万3767人 ②韓国9万2418人 ③ベトナム3万6227人 ④フィリピン3万3219人 ⑤ネパール2万7290人の順。世界190以上の国・地域の人々が暮らすグローバルシティだ。

都内総生産は106兆円で国全体の約20%　予算規模はスウェーデンを上回る

メガシティ東京は日本経済の心臓部。あらゆる産業の中枢が集積している。2017年度の都内総生産（名目）は106兆980億円で国内総生産の2割近くを占める。外国の国と比べると、メキシコに次ぐ規模でトルコを上回っている。一般会計に特別会計と公営企業会計を合わせた都

全体の予算規模は14兆４４４０億円（２０１８年度）。これはスウェーデンなどの国家予算を上回る。もはや東京都は一自治体というよりも独立国家並みのスケールとなっているのである。

都道府県別の賃金水準（平成29年賃金構造基本統計）でみても、東京都は37万７５００円で全国平均の30万４３００円を大きく上回りトップだ。

ミシュラン掲載店舗数はなんと世界一！

これだけ人が多く、カネが蓄積している大都市には、当然のことながらあらゆるサービスが集まる。グルメはその典型だ。毎年注目を集める「ミシュランガイド２０１９」の公式ホームページには全国３７１９軒の飲食店が掲載されている。そのうち都内の飲食店は、三つ星13、二つ星52、一つ星１６４軒、ビブグルマン（５０００円以下で価格以上の満足感が得られる料理）２４９軒の４７８軒だった。この星付き飲食店の数（２２９軒）は、パリ版の１１８軒を抜いて世界一だという。

意外なのが自然公園の充実ぶり。都道府県の面積に占める自然公園面積の割合が東京都は約36%で、滋賀県に次いで全国2位となっている。世界自然遺産・小笠原諸島や伊豆七島の豊かな自然のおかげ。東京の隠れ家・八丈島は海、山、温泉、グルメと魅力がたっぷりの離島だ。

神奈川県

港ヨコハマを中軸に3つの政令指定都市
貿易港ならではの日本一も

基本データ

面積	2416㎢（全国43位）
位置	北緯35度07分～35度40分
県庁所在地	横浜市（374万5796人）
人口	918万9521人（全国2位）
県の花	やまゆり
県の木	いちょう
県の鳥	かもめ

おもしろ方言

いさしかぶり……………………………久しぶり
うんめろ…………………………………たくさん
にばんざ…………………………………後妻
ひだりっぽい……………………………まぶしい
へちゃむくれ……………………………馬鹿野郎

地上70階、高さ296mの横浜ランドマークタワーの眺め。日本最速のエレベーターがある

神奈川県のくらしの通信簿

項目	数値	評価
マネー（平均年収）	685万4000円	**B**
仕事（有効求人倍率）	1.19	**E**
住居（家賃／1ヵ月3.3㎡）	6936円（横浜市）	**E**
教育（待機児童率）	0.45	**B**
医療（医師偏在指標）	231.8	**C**
環境（都市公園面積／人口1人当たり）	5.45㎡	**E**
少子化（子ども人口割合）	12.1	**C**
総合評価		**17**

神奈川県 日本一いろいろ

県外通勤・通学者数 ……………… **113万1482人**

神奈川県内の通勤・通学者数は467万5293人。このうち113万1482人が県外へ通勤・通学しており、全国1位。東京都への通勤・通学者は106万8505人（2015年国勢調査）

通勤・通学時間 ……………… **101分**（2016年社会生活基本調査）

日本ラグビーの発祥地 ……………… **横浜市1866年**（慶応2年）

横浜に駐屯していた英国兵らが「横浜フットボールクラブ」を設立。2019年9月、山下町公園に記念碑が建てられた。

学術・開発研究機関（民営）の従業者数 ……………… **6万925人**（2014年経済センサス）

日本を代表する港・横浜港と人気の中華街

「ブルーライトヨコハマ」(いしだあゆみ)、「よこはま・たそがれ」(五木ひろし)、「港のヨーコ・ヨコハマ・ヨコスカ」(ダウンタウン・ブギウギ・バンド)など、港町ヨコハマを舞台にした名曲が数々生まれている。横浜をヨコハマとカタカナにする曲が多いのは、それだけ異国情緒が漂うからだろう。その横浜港(1859年開港)だが、2018年の外国貿易船の入港隻数は8265隻で、2位名古屋(7775隻)、3位神戸(6647隻)を引き離してトップ(神戸税関データ)。また、近年人気のクルーズ船の寄港回数は168回で全国4位(2018年=国交省)。日本を代表する港は、貿易、観光両面で輝いている。

横浜といえば中華街を思い浮かべる方も多いだろう。日本三大中華街は横浜・神戸(南京町)・長崎にある。中でも最大規模を誇るのが横浜中華街である。公式サイトによると中華料理店164店をはじめ総店舗数は395店(2019年9月現在)。10基の牌楼《ぱいろう》が建つ約500m四方の中に、これだけの店がひしめいている。中華街の象徴「関帝廟」は横浜港開港直後から約150年以上、街を見守り続けている。現在の廟は1990年完成の4代目。

意外! ぶどう産地でないのに　ワイン生産量が日本一

神奈川県のナンバー1には意外なものが登場する。ワインである。国税庁の統計によると2017年度のワイン生産量、出荷量の都道府県ランキングは①神奈川　②栃木　③山梨の順。えっ、と思われる方も多いだろう。これは輸入原材料を使ったワインも含む全体のランキングで、国産ぶどうを使った日本ワインに限ると①山梨　②長野　③北海道の順になる。ちなみに神奈川県の生産量は3万1131kℓ。日本ワインの生産量は1位の山梨県が5530kℓとなっている。神奈川県のワイン生産の大半は藤沢市にあるメルシャン藤沢工場で、原料はチリ、オーストラリアなどから濃縮果汁やワインの形で輸入し、工場で生産しているという。横浜港や東京港に近く、原料の調達ルートに恵まれていたことも生産量トップの大きな要因だ。ちなみにメルシャンは山梨にもワイナリーがあるが、こちらは国産ぶどうを使った日本ワインを生産している。

人口900万人超の神奈川県には政令指定都市が3つある。横浜市、川崎市、相模原市である。3都市あわせた人口は約600万人。神奈川県全体の65%を占める。一つの県に3つの政令指定都市があるのは神奈川県だけである。

東京に隣接していることもあり、県外への通勤・通学者数が全国最多。東京都へは106万8505人が通っている（2015年国勢調査）。通勤、通学時間は101分でこれも一番だ（2016年社会生活基本調査）。

新潟県

米どころ、美酒、美人。越後の魅力と実力

基本データ

面積	1万2584㎢（全国5位）
位置	北緯36度44分〜38度33分
県庁所在地	新潟市（79万2868人）
人口	225万9309人（全国15位）
県の花	チューリップ
県の木	ユキツバキ
県の鳥	トキ
県の観賞魚	錦鯉

移住希望地域ランキング　5位

おもしろ方言

あえまち……………………………… 怪我

いちがいこき………………………… 頑固者

かがっぽい………………………… まぶしい

こびり……………………………… おやつ

たよさま…………………………… 神主

弥彦山を背に建てられた彌彦神社大鳥居。高さ約30mでかつては日本一高い鳥居だった

新潟県のくらしの通信簿

項目	数値	評価
マネー（平均年収）	635万3000円	C
仕事（有効求人倍率）	1.67	C
住居（家賃／1ヵ月3.3㎡）	4289円（新潟市）	B
教育（待機児童率）	0.00	A
医療（医師偏在指標）	169.8	E
環境（都市公園面積／人口1人当たり）	13.17㎡	B
少子化（子ども人口割合）	11.6	D
総合評価		22

新潟県 日本一いろいろ

米菓の出荷額 ……………………………… **1459億6000万円**（シェア48.9%）
（2018年工業統計調査）

「亀田の柿の種」や「ハッピーターン」などで有名な亀田製菓は新潟市に本社がある。

金属洋食器の出荷額 …………………… **115億円**（新潟県のサイト=2016年）

新潟県の金属洋食器出荷額は全国の90%以上のシェアを占め、そのほとんどが燕市での生産。

ハクチョウ類飛来数 …………………… **2万1166羽**（2019年1月）

新潟市の鳥はハクチョウ。全国的に有名なのが、阿賀野市の瓢湖。日本で初めて野生のハクチョウの餌づけに成功。

白鳥の渡来地として国の天然記念物に指定されている「瓢湖」

米どころ新潟県民は日本酒大好き！　1人当たりの清酒消費量日本一

新潟県は全国有数の酒処。越乃寒梅、久保田、八海山など、おなじみの名酒がすぐに思い浮かぶ。清酒製造免許場数（蔵元）は99場で日本一（2017年度）。特筆は、成人1人当たりの清酒消費量で2017年度は11・3ℓで堂々の1位である。国税庁のデータを基に調べると2位の秋田、3位の山形に1ℓ以上の差を付けている。日本酒好きが多いことを裏付けるデータだ。

日本のコメの代表銘柄「コシヒカリ」。2018年、超有名ブランドの魚沼産コシヒカリが日本穀物検定協会の食味ランキングで初めて最高ランク「特A」から陥落した。雌伏一年。関係者の努力が実り、魚沼産コシヒカリは2019年のランキング（18年産米）で再び「特A」に復帰した。県全体の米収穫量も好調だ。2018年産の収穫量は62万7600トンで、ライバルの北海道を上回り日本一に。主食用も55万6000トンで北海道を引き離してトップに立った。ちなみに魚沼産コシヒカリの価格（玄米60kg）は2万1210円。全銘柄平均1万5709円の1・35倍である（農水省 平成30年度産米の相対取引価格・数量）。

これは意外！　神社の数が4723社で日本一多い

意外な日本一を見つけた。文化庁の「宗教統計調査」（平成30年度）によると、新潟県には神

社の数が４７２３ある。これは2位兵庫県の３８６３を大きく上回り、全国1位となっている。新潟県の有名神社、パワースポットとして知られているのは、白山神社（新潟市）、彌彦神社（弥彦村）、宝徳山稲荷大社（長岡市）、居多神社（上越市）などがあるが、それにしてもなぜ、新潟県に神社が多いのか。この疑問の答えが新潟県神社庁のサイトにあった。

「明治の頃、新潟県は全国で最も人口が多かったこと、或いは明治末期に時の政府が進めた神社合祀政策の影響を比較的受けなかったことなどが背景にあると考えられます」（同サイトより）

なるほど、そういうことか。明治期に新潟の人口が国内最多だったことも意外な事実だ。

離婚率の低さも特筆だ。２０１7年の人口１０００人当たりの離婚率は１・２９（人口動態統計）で、全国平均の１・７０を大きく下回り、全国一低い。つまり夫婦円満度日本一ということだ。色白美人の多いことで有名な新潟県では、「女房にするなら越後女」といわれ、働き者で夫に尽くすという女性像があるそうだ。こんなことを書くと、男性目線と叱られそうだが、それほど新潟の女性は魅力的だということだ。

金属洋食器の出荷額１１5億円（２０１6年）は断トツだ。全国シェアは90％以上になる。大半が燕市での生産。ふるさと納税の返礼品としても高い人気を誇っている。

富山県

居住環境日本一。名水と氷見のぶりも最高！

基本データ

面積	4247㎢（全国33位）
位置	北緯36度16分～36度58分
県庁所在地	富山市（41万7234人）
人口	106万3293人（全国37位）
県花	チューリップ
県木	タテヤマスギ
県鳥	ライチョウ
県獣	ニホンカモシカ
県の魚	ブリ　ホタルイカ　シロエビ

移住希望地域ランキング　8位

おもしろ方言

うざくらしい …………………………… うっとうしい

きときと ………………………………………… 新鮮

しけしけ ………………………………… たそがれ時

きのどくな ………………………………… ありがとう

だいてやる ……………………………… おごってやる

標高2405mに位置するみくりが池と立山連峰の姿。日本一高所の天然温泉もある

富山県のくらしの通信簿

項目	数値	評価
マネー（平均年収）	685万9000円	B
仕事（有効求人倍率）	1.92	A
住居（家賃／1ヵ月3.3㎡）	3991円（富山市）	A
教育（待機児童率）	0.00	A
医療（医師偏在指標）	216.2	D
環境（都市公園面積／人口1人当たり）	15.25㎡	B
少子化（子ども人口割合）	11.6	D
総合評価		27

富山県 日本一いろいろ

名水の宝庫

環境省が選定した「名水百選」と「平成の名水百選」に8件が選ばれた。熊本県と並んで日本一。

日本一高所にある温泉 …………………… みくりが池温泉

立山・室堂ターミナルから歩いて15分。立山連峰を望む絶景の中にある100%かけ流しの温泉で、標高は2410m。泉質は単純酸性泉。雄山（標高3003m）に登ったあとのひと風呂は最高だった。

落差日本一の滝 ………………………………… 称名滝《しょうみょうだき》

立山連峰を源流とし、落差は350m。東京タワーがすっぽり入ってしまうほどだ。雪解け水が多く流れ込む春には、滝の右側にハンノキ滝が出現し、2つの滝が流れ落ちる壮大な景色を楽しむことができる。

富山と言えば「越中富山の置き薬」と氷見の寒ぶり、そして八村塁

筆者は信州育ちだが、子どもの頃、富山から薬屋さんが自宅にやってきて常備薬を置いていったことを覚えている。おじさんに貰った紙風船で遊んだものだ。元禄の時代から始まったとされる富山の「置き薬」（配置販売業）は現代のクレジットとリースの先駆け的商法。そんな土地柄だけにいまも医薬品関連企業が多く、医薬品生産金額（2016年）は6218億4500万円（厚労省データ）で全国トップである。2017年は静岡県に逆転された。県庁には「くすり政策課」があり、「くすりの富山」の活性化に取り組んでいる。

「天然のいけす」と称賛される富山湾では600種もの魚介類が生育すると言われているが、全国の魚好きの舌をうならせる味は、なんといっても「氷見の寒ぶり」だろう。「氷見寒ぶり」は氷見魚ブランド協議会が制定した期間に富山湾の定置網で捕獲され、氷見漁港で競られた6kg以上のぶりのこと。北の日本海で身が引き締まったぶりが南下して、産卵を控えて最も脂ののった時期に富山湾にやってくる。氷見の寒ぶりが日本一といわれるわけである。1世帯当たりのぶりの年間消費金額は、富山市が8245円で全国1位（家計調査2016〜18年平均）。47年連続トップというからすごい。

さて、富山で忘れてならないのがバスケットの八村塁選手。日本人で初めてNBAのドラフト

1巡で指名されるという快挙を成し遂げた。富山市立奥田中学校出身。ドラフト当日には富山市内で号外が配られた。NBAでの活躍が期待される。

持ち家率、一世帯当たり居住室数1位など住環境はピカイチ

高岡の銅器も有名。その象徴は高岡大仏（高さ15m85㎝）だ。高岡銅器のはじまりは、1609年に加賀藩主・前田利長が高岡城に入城した際、7人の鋳造師を近郊から現在の高岡市金山町に呼び寄せたことからだといわれている。その全国シェアは9割超とされ、広島平和記念公園の「平和の鐘」にも使われている。梵鐘の大手メーカー「老子《おいご》製作所」（高岡市）は「平和の鐘」をはじめ京都西本願寺や三十三間堂など、全国各地に2万鐘を超える梵鐘を納入。日本一の梵鐘メーカーだ。

特筆すべきは富山県の居住環境。2013年の住宅・土地統計調査（総務省）や建築動態統計調査（国交省）によると、持ち家住宅率79・4％、持ち家住宅の延べ面積177・0㎡（1住宅当たり）、持ち家住宅の居住室の畳数（1住宅当たり）55・99畳で全国1位となっている。それでいて一般世帯の1世帯当たり人員は2・66人だから、広いマイホームでゆったり暮らしている様子が浮かび上がってくる。ちなみに、富山市の勤労者世帯（2人以上の世帯）の1ヵ月の可処分所得は50万9535円で全国3位（2017年家計調査）。恵まれた生活だ。

石川県

加賀百万石はモノづくり文化の街

基本データ

面積	4186km²（全国35位）
位置	北緯36度04分〜37度51分
県庁所在地	金沢市（46万3654人）
人口	114万5948人（全国34位）
郷土の花	クロユリ
県の木	あて（能登ヒバ）
県鳥	イヌワシ

おもしろ方言

あいそむない……………………………つまらない

あったらい………………………… もったいない

うまそな…………………………………… 元気な

こうばこ……………… 香箱→雌のずわいがに

しょまな……………………………… ふがいない

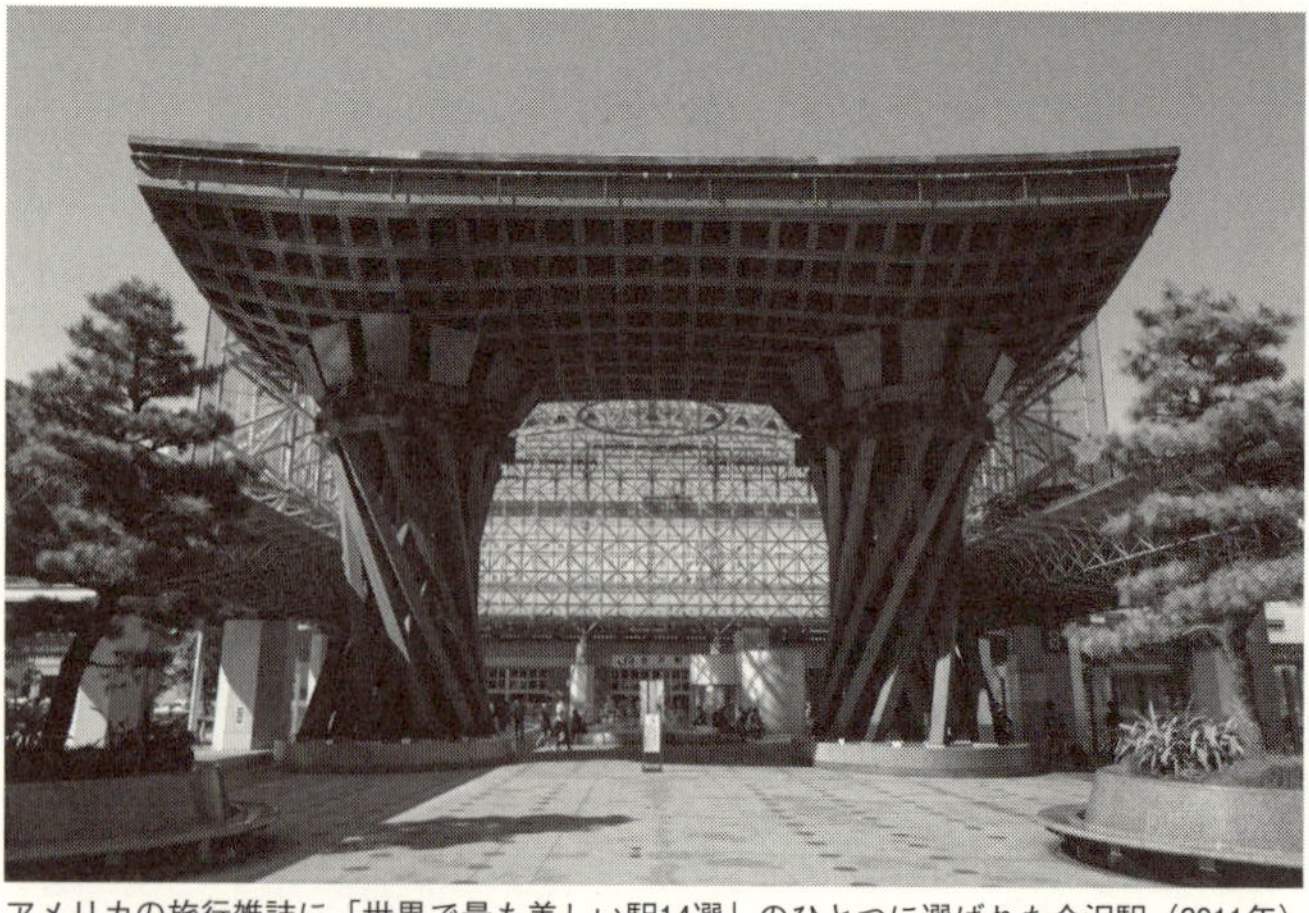

アメリカの旅行雑誌に「世界で最も美しい駅14選」のひとつに選ばれた金沢駅（2011年）

石川県のくらしの通信簿

項目	数値	評価
マネー（平均年収）	674万8000円	B
仕事（有効求人倍率）	1.97	A
住居（家賃／1ヵ月3.3㎡）	4125円（金沢市）	B
教育（待機児童率）	0.00	A
医療（医師偏在指標）	270.4	A
環境（都市公園面積／人口1人当たり）	13.26㎡	B
少子化（子ども人口割合）	12.5	C
総合評価		30

石川県 日本一いろいろ

世帯当たり月間消費支出（金沢市） …………………… **33万9175円**（家計調査2018年）

全国平均の28万7315円と比べ5万1860円も多い。和歌山市22万4853円と比べると11万円以上も多い。金沢市民の消費品で目立つのは交通・通信6万1649円、交際費2万4163円など。交通・通信は全国1位の水準だ。

日本伝統工芸展入選者数 …………… **66.2人**（人口100万人当たり）＝2018年度

18年連続で1位。日展入選者数も80.2人（同）でトップ。

ケーキの消費金額（金沢市） ………… **8645円**（家計調査2016〜18年平均）

江戸時代の城下町金沢の雰囲気が満喫できる「ひがし茶屋街」。出格子の建物が美しい

金沢の金箔に代表される「贅沢文化」

北陸新幹線の開業で首都圏からのアクセスが飛躍的にアップした金沢市。その伝統産業のひとつが金箔打ちである。金箔の生産量は全国シェアの98％とも99％とも言われている。石川県での金箔打ちの歴史は豊臣秀吉の朝鮮出兵（１５９３年）あたりからとの説もあるが、盛んになったのは江戸時代末期からといわれている。１９７７年に「金沢箔」として指定伝統的工芸材料となった。最近は伝統工芸品だけでなくエステやコスメ、金箔ソフトクリームも人気だ。

加賀百万石の象徴ともいえるのが日本三名園に数えられる廻遊式の大名庭園・兼六園。加賀歴代藩主により、長い歳月をかけて造られた名園は国内はもちろん世界各国から来園者が絶えない。金箔といい広大な名園といい贅沢な文化が残されているが、そんな贅を極めた伝統なのだろうか、石川の人々は消費好きである。金沢市の世帯当たり月間消費支出は33万９１７５円（２０１８年家計調査）で、全国平均の28万７３１５円と比べ、５万１８６０円も多い。

消費支出が多い背景には経済の好調がある。北陸新幹線の金沢開業以降、金沢市内の宿泊者数や外国人観光客が増加。飲食業や観光業を中心に地元経済は好調が続く。石川県の鉱工業生産指数（２０１６年）は全国トップである。

天然フグの漁獲量と30年以上連続日本一の名旅館

フグといえば下関（下関ではフクという）を思い浮かべる方が多いだろうが、天然フグの漁獲量で日本一を誇るのは石川県である。漁業・養殖業生産統計によると、２０１７年の漁獲量は６００トンを超え、２年ぶりに全国トップに返り咲いた。大半が能登沿岸で水揚げされている。天然フグの漁獲量は２０１５年まで５年連続で１位だったが、16年は４７３トンに落ち込み北海道、島根に次いで3位となっていた。２０１６年には「能登ふぐ」が特許庁の地域団体商標に認定された。

一羽のシラサギによって湯脈が発見されたという言い伝えが残る能登半島の和倉温泉。ここにすごい旅館がある。「プロが選ぶ日本の旅館・ホテル１００選」（旅行新聞新社主催）で過去に36年連続で総合1位に選ばれた「加賀屋」である。２０１６年12月に発表された42回目こそ3位に甘んじたが、翌年、すぐに1位に返り咲き、２０１８年12月に発表された44回目も堂々の1位だった。メディアにも多く取り上げられ、日本を代表する旅館のひとつといっていいだろう。

金沢市にはおでん屋とカレー店が多い。人口当たりの店舗数が日本一とも言われる。裏付けとなるデータは見当たらなかったが、「金沢おでん」「金沢カレー」が有名なのは間違いない。

福井県

「幸福度ランキング」3年連続トップの〝超優等生〟

基本データ

面積	4190㎢（全国34位）
位置	北緯35度20分～36度17分
県庁所在地	福井市（26万4356人）
人口	78万6503人（全国43位）
県の花	水仙
県の木	松
県の鳥	つぐみ
県の魚	越前がに

おもしろ方言

あばさける……ふざける
かざ……におい
てなわん……性格がきつい
ながたん……包丁
わやくそ……めちゃくちゃ

日本屈指の恐竜王国福井県らしくJR福井駅の広場には動く恐竜モニュメントなどがある

福井県のくらしの通信簿

項目	数値	評価
マネー（平均年収）	711万3000円	A
仕事（有効求人倍率）	2.02	A
住居（家賃／1ヵ月3.3㎡）	3583円（福井市）	A
教育（待機児童率）	0.04	A
医療（医師偏在指標）	230.9	C
環境（都市公園面積／人口1人当たり）	15.19㎡	B
少子化（子ども人口割合）	12.8	C
総合評価		30

福井県 日本一いろいろ

ハープ(楽器)の販売台数

永平寺町にある「青山ハープ」は国内唯一のハープ生産業者。生産台数は世界的にも第2位で、シェアは約20%。年間の生産台数はグランドハープ約200台、アイリッシュハープ約600台（県のサイトより）。

県立図書館の個人貸し出し冊数 …… 0.973冊

日本図書館協会の2017年度データによると、福井県立図書館の貸し出し総冊数は77万2908冊で全国4位。県民1人当たりでは0.973冊で6年連続トップを記録した。

就職率 …………………………………… 99.9%（高校生＝2019年・文科省）

2019年卒業の高校生の就職率（全国）は98.2%（3月末）。福井県は1628人が就職して全国トップ。大学生は福井大学（国立）が97.3%で国立大就職率ランキングで11年連続日本一となった（大学通信調査）。

眼鏡フレームの出荷額日本一　社長輩出数は全国トップ

福井県出身の元女性大臣も愛用している鯖江の眼鏡。この地で眼鏡づくりが始まったのは１905（明治38）年というから115年も前のこと。今では鯖江市、福井市を中心とした福井県のメガネフレーム生産は日本全体の9割以上を占めている。世界的に見ると「安さの中国（深セン、温州）」「デザイン&ブランド力のイタリア（ベルーノ）」そして「品質の鯖江」という評価で世界三大眼鏡産地とも言われている。

帝国データバンクが2016年に発表したデータによると、人口10万人当たりの社長輩出数は、福井県が1453人でトップだった（2015年データ）。2位は山梨県の1278人、3位は富山県の1168人。福井県のトップは1982年から34年連続だというからあっぱれ！　だ。その背景として、同社は「国内生産の9割以上を担う眼鏡フレーム関連業者や繊維関連企業など独立資本の企業数が多いため」と分析している。住友財閥の家祖・住友政友、熊谷組創業者・熊谷太三郎、元本田技研社長・吉野浩行の各氏も福井県出身だ。現役では藤田晋サイバーエージェント社長、元谷芙美子アパホテル社長らがいる。

「幸福度ランキング」トップの原動力は「仕事」と「教育」

福井県

「全47都道府県幸福度ランキング２０１８年版」で3年連続トップになった福井県。分野別ランキングを見ると「仕事」と「教育」が1位だ。仕事分野では、「大卒者進路未定者率の低さ」が1位、「インターンシップ実施率」が2位、「正規雇用者比率」が3位。教育分野では「学力」「余裕教室活用率」が1位、「不登校児童生徒率の低さ」が2位。また、追加指標では「女性の労働力人口」「子どもの運動能力」が1位となっている。

そんな福井の人々が好んで食べるのが、「油揚げ」と「かに」。２０１６年家計調査によると、福井市の1世帯（2人以上の家族）あたりの食品の消費金額で、「油揚げ・がんもどき」が５６７３円、「かに」が４４７１円で全国トップだった。「油揚げ・がんもどき」は調査開始以来54年連続のトップ。

油揚げ・がんもどきの消費が多いのは、仏教王国と言われる福井では「報恩講料理《ほうおんこうりょうり》」が一般家庭にも定着しているためと推察される。かには「越前がに」の産地ならでは。

優雅な音色が特徴のハープの唯一の生産メーカーが永平寺町にある。１８９７（明治30）年創業の「青山ハープ」だ。県のサイトによると年間生産台数は、グランドハープ約２００台、アイリッシュハープ約６００台で世界第2位。シェアは約20％だという。

山梨県

ぶどうからロボットまで。武田信玄を生んだ甲斐の国が誇るトップブランドの数々

基本データ

面積	4465㎢（全国32位）
位置	北緯35度10分～35度58分
県庁所在地	甲府市（18万8774人）
人口	83万2769人（全国41位）
県の花	フジザクラ
県の木	カエデ
県の鳥	ウグイス
県の獣	カモシカ

移住希望地域ランキング　4位

おもしろ方言

いっさら……まったく

おだいじん……金持ち

からかう……手を尽くす、修理する

ちゃきー……ずるい

のぶい……図々しい

「富士山と五重塔が一緒に撮れる」と海外旅行客が人気に火をつけた新倉山浅間公園

山梨県のくらしの通信簿

項目	数値	評価
マネー（平均年収）	651万3000円	B
仕事（有効求人倍率）	1.47	D
住居（家賃／1ヵ月3.3㎡）	3820円（甲府市）	A
教育（待機児童率）	0.00	A
医療（医師偏在指標）	216.4	D
環境（都市公園面積／人口1人当たり）	9.49㎡	C
少子化（子ども人口割合）	11.9	D
総合評価		23

山梨県 日本一いろいろ

すし店の数（人口1000人当たり）…… 0.30

全国のすし店の事業所数は約2万4000。山梨県の事業所数は255。海なし県にもかかわらず、1000人当たりの店の数は日本一だ（2014年経済センサス）。

図書館数（人口100万人当たり）…… 65.9
（社会生活統計指標2019）

1日の平均食事時間 …… 1時間45分
（2016年社会生活基本調査）

ミネラルウォーター出荷額 …… 約756億9400万円
（シェア45.6%）（2018年工業統計調査）

笛吹市は、生産量日本一を誇る桃の栽培地。春には見頃を迎える桃の花で「桃源郷」となる

富士山の山頂論争と収穫量日本一のぶどう・ワインの名産地

富士山の山頂は山梨と静岡のどちらの県にあるのか。地図上には山頂に県境がない。実は富士山の8合目以上は富士山本宮浅間大社の所有地である。江戸時代の「甲斐国誌」には「8合目より頂上に至りては、両国の境なし」と記され、当時から県境のない場所だったようだ。明治以降、県境争いが続いたが、1951年に両県の知事が会談し、県境をめぐる争いはしないことで一致したとされる。正解は、どちらの県でもないということだ。

山梨県といえばぶどう産地。2018年産ぶどう収穫量は年間4万1800トン（作物統計＝農水省）で、2位の長野県（3万1100トン）を大きく引き離してトップ。全国シェアは24％となっている。山梨のぶどうづくりの始まりは養老2年にまでさかのぼる。甲州市勝沼町にある「大善寺」のサイトにこんな記述がある。

「養老2年僧行基が甲斐の国を訪れたとき、勝沼の柏尾にさしかかり、日川の渓谷の大石の上で修業したところ、満願の日、夢の中に、手に葡萄を持った薬師如来が現れました」

以来、行基は法薬のぶどうの作り方を村人に教え、栽培が始まったというのである。

近年人気急上昇中の国産ぶどうを原料にして国内で製造された「日本ワイン」。その生産量も山梨がいちばん。年間生産量は5510kℓで全国シェアは33％。

果樹では、「もも」の年間収穫量3万9400トン、「すもも」の収穫量7820トン（いずれも2018年産）も全国トップだ。

水晶の名産地で宝飾王国　そしてお寿司大好き

山梨県は知る人ぞ知るジュエリー県である。水晶の名産地である山梨では、江戸時代後期から宝飾技術が本格化。今ではおよそ1000社といわれるジュエリー関連業者がひしめき、技術に磨きをかけている。出荷額は約239億円（2018年工業統計調査）で全国シェアの約22％を占めている。

工業でいうと数値制御ロボット出荷額約2722億円（2018年工業統計調査）も全国トップ。だ。同製品の世界的企業「ファナック」の本社は忍野村にある。

山梨県民が大好きなのがお寿司。人口1000人当たりのすし店の数は0・30。全国のすし店の事業所数は約2万4000。山梨県の事業所数は255。海なし県にもかかわらず、1000人当たりの店の数は日本一だ（2014年経済センサス）。煮アワビも有名だ。

長野県

移住人気ナンバー1の信州
「信濃の国」に代表される郷土愛

基本データ

面積	1万3561㎢（全国4位）
位置	北緯35度11分～37度01分
県庁所在地	長野市（37万8025人）
人口	210万1891人（全国16位）
県の花	りんどう
県の木	しらかば
県の鳥	らいちょう
県獣	かもしか

移住希望地域ランキング　1位

おもしろ方言

あばね……さよなら
ごしてー……疲れた
くねぽい……大人っぽい
ずくなし……ずく（やる気）→怠け者
なから……だいたい

日本屈指の山岳景勝地として知られる上高地。河童橋から眺める穂高連峰の眺めは絶景

長野県のくらしの通信簿

項目	数値	評価
マネー（平均年収）	606万8000円	C
仕事（有効求人倍率）	1.65	C
住居（家賃／1ヵ月3.3㎡）	3739円（長野市）	A
教育（待機児童率）	0.16	B
医療（医師偏在指標）	199.6	E
環境（都市公園面積／人口1人当たり）	13.11㎡	B
少子化（子ども人口割合）	12.4	C
総合評価		23

長野県 日本一いろいろ

博物館数（人口100万人当たり） …… **40.5**（2015年）

社会生活統計指標2019によると、全国トップ（全国平均9.9）。

ギター（電気ギターを含む）出荷額 …… **29億2900万円**（シェア45%）（2018年工業統計調査）

長野県は木々に囲まれ木工職人が多く、気候や環境面が適していることからギター製造の適地。

みそ出荷額 …… **663億1400万円**（シェア49%）（2018年工業統計調査）

寒天出荷額 …… **85億6800万円**（シェア89.7%）（2018年工業統計調査）

県歌「信濃の国」制定50年と日本一の星空

「信濃の国は10州に　境連ぬる国にして　そびゆる山はいや高く、流るる川はいや遠し」で始まる長野県の県歌「信濃の国」は明治30年代に県師範学校の2人の教諭によって作詞、作曲された。1968（昭和43）年に県歌として制定され、2018年に制定50年を迎えた。県のサイトには「県歌を歌える県民の割合において、『長野県は日本一』（多分！）と記されている。歌の長さでいうと、校歌で日本一と言われているのが県立諏訪清陵高校の校歌。第一が8番まで第二が10番まであり、入学式などの際には10分以上かけてフルコーラスを歌う。

環境省の全国星空継続観察で2006年に「星の観察に適していた場所」の第1位に選定された阿智村（人口約6600人）は、2012年から「日本一の星空の村」として様々な活動に取り組んできた結果、星空観察のナイトツアーには全国から15万人超の人々が訪れるまでに。2019年5月11日には「世界記録チャレンジイベント第一弾 ACHI STAR FESTIVAL 同時に天体観測を行った最多人数世界記録へチャレンジ」を開催。2640人が同時観測に成功し、ギネス世界記録を更新した。

全国有数の長寿県で環境美化意識も高い

長野県は全国有数の「長寿県」。厚労省のデータ（都道府県別生命表）によると、男性は平成7年、17年、22年とトップで、27年は滋賀（81・７８年）に抜かれたものの、81・７５年で2位は守った。女性は平成22年に続き27年も87・６７年でトップだった。長寿の秘訣のひとつとされる「野菜の摂取量」が男女ともに全国一多い（２０１６年国民健康・栄養調査）。そんな長寿県は高齢者が元気。「65歳以上の就業率」が28・７％で全国1位となった（２０１５年国勢調査）。

環境美化への意識が高いのも特徴だ。環境省の一般廃棄物処理事業実態調査（２０１６年実績）で、長野県は1人1日あたりのごみ排出量が８２２gで3年連続トップとなった。美しい自然を守ろうという思いが強いのだろう。食品ロス削減問題の取り組みにも積極的で、「残さず食べよう！　30・10運動」（宴会時の最初の30分と最後の10分は席で料理を食べる）という松本市発祥の運動を推進している。

いささか古いデータだが、１９５６年のコルチナ・ダンペッツオ冬季五輪から２０１４年のソチ冬季五輪までに、人口約３５００人の野沢温泉村から16人の五輪選手を送り出している。人口比では日本一だ。１９９２年のアルベールビル冬季五輪では河野孝典選手がノルディック複合団体で金メダルに輝いた。

岐阜県

織田信長が名付け親
「岐阜」の知られざるパワー

基本データ

面積	1万621㎢（全国7位）
位置	北緯35度08分～36度27分
県庁所在地	岐阜市（40万9900人）
人口	204万4114人（全国17位）
県の花	れんげ草（げんげ）
県の木	イチイ
県の鳥	ライチョウ
県の魚	あゆ

おもしろ方言

いきる……………………………… 蒸し暑い
うい………………………………… 気の毒な
こっぺちょる ……………………威張っている
てきない …………………………… 苦しい
まいこまいこ ………………… いつもいつも

標高329mの金華山山頂にそびえる岐阜城。織田信長が拠点としたその城からの眺めは絶景

岐阜県のくらしの通信簿

項目	数値	評価
マネー（平均年収）	652万5000円	B
仕事（有効求人倍率）	2.05	A
住居（家賃／1ヵ月3.3㎡）	3597円（岐阜市）	A
教育（待機児童率）	0.01	A
医療（医師偏在指標）	204.7	D
環境（都市公園面積／人口1人当たり）	9.88㎡	C
少子化（子ども人口割合）	12.7	C
総合評価		27

岐阜県 日本一いろいろ

生産量トップのバイオリン工場

日本で唯一、手作りで大量生産が可能なバイオリン製造会社「恵那楽器」が恵那市にある。戦後「鈴木バイオリン」がこの地で生産を開始し、昭和29年に独立した。現在はバイオリン、マンドリンなどを製作、「生産量は日本一」（同社サイトより）だという。

食品サンプル生産量日本一

郡上八幡市郡上八幡踊りで有名なこの地は、食品サンプルの製造シェア6割を誇るという意外な一面を持ち合わせている。食品サンプルの生みの親・岩崎龍三氏が同地出身ということもあり、いまでは重要な地場産業に。その全国シェアは約6割。食品サンプルづくりを楽しむことができる工房もある。

刃物生産断トツ日本一

2018年工業統計調査によると、理髪用刃物の岐阜県の出荷額は135億1800万円で全国シェア80%。包丁は117億2400万円で57%、ナイフ類は45%でいずれも断トツ。その産地が、鎌倉時代に刀鍛冶が誕生したという刃物の街・関市。700年を超える歴史と技術が息づく世界に誇る刃物の都である。

「岐阜」命名と「楽市楽座」「鵜飼」日本一広い高山市

岐阜の地には今もなお天下統一目前に世を去った織田信長の足跡が残っている。まずは県名の「岐阜」。1567（永禄10）年、斎藤達興を破って美濃を攻略した信長は、町名をそれまでの「井の口」から「岐阜」に改め（諸説あり）、岐阜城に拠点を構えて天下統一に乗り出した。入城した信長は町の復興のために「楽市楽座」政策で活性化を図り、「兵農分離」で専業の武士団を組織した。そんな信長が保護したのが長良川の鵜飼。「ぎふ長良川鵜飼」は1300年も前から行われていた。鵜と一緒になって漁をする漁師を「鵜匠」と名付けたのも信長と言われている。長良川、肱川《ひじかわ》（愛媛県大洲市）、三隈川（大分県日田市）の鵜飼が「日本三大鵜飼」と言われているが、その歴史や知名度から「ぎふ長良川鵜飼」が日本一と言っても差し支えないだろう。

全国で最も広い市町村は飛騨の小京都で有名な高山市。その面積は2177・61㎢で、2位の浜松市（1558・06㎢）、3位の日光市（1449・83㎢）を凌駕している（国土地理院＝2018年10月1日現在）。大阪府や香川県全体の面積よりも広く、東京都（2193・96㎢）とほぼ同じ水準だ。もっとも高山市の面積の9割以上は山林。人口は約8万8000人。東京都の157分の1である。

喫茶店と言えば愛知かと思いきや、岐阜市が「喫茶支出日本一」の深い理由

総務省の家計調査（県庁所在地、政令指定都市の2人以上世帯）は面白いデータを発表する。「喫茶代」もそのひとつ。2016年から18年の平均データを見ると喫茶代（年間）のトップ3は、①岐阜市 1万5084円 ②名古屋市 1万1925円 ③東京都区部 1万687円で、全国平均は6545円。岐阜は全国平均の2・3倍にもなる。それにしても、なぜ岐阜なのか。飲食関連のサイトを調べてみると、面白い事実が浮かび上がってきた。

美川憲一の「柳ヶ瀬ブルース」が流行った昭和40年代、お隣りの一宮市（愛知県）の織物業が大繁盛。その織物業者らが木曽川対岸の岐阜市の繁華街・柳ヶ瀬にバーやキャバレーを開業、同時に喫茶店も多く誕生した。仕事や遊興で徹夜した織物業の旦那衆や従業員らが朝は喫茶店で一服。そのうちモーニングサービスが始まり、やがて織物業の全盛期が過ぎ、喫茶店経営に陰りが見えてくると、モーニングサービスが一段と競争が激しくなり豪華になっていった。とまあ、こんな経緯があったようなのだ。モーニングの充実ぶりもさることながら、面白いのは黄色の回転灯を店先において営業中（回転中＝開店中）であることが分かるようにしている店が多いということ。岐阜ならでは喫茶文化が続いている。

静岡県

「世界遺産」「世界農業遺産」の宝庫は日本一のオンパレード

基本データ

面積	7777㎢（全国13位）
位置	北緯34度34分～35度38分
県庁所在地	静岡市（70万2395人）
人口	362万6537人（全国10位）
県の花	つつじ
県の木	もくせい
県の鳥	さんこうちょう（三光鳥）

移住希望地域ランキング　2位

おもしろ方言

あてこともない ……………………… とんでもない

おだっくい ……………………………… お調子者

けなるい ……………………………… うらやましい

たこる ………………………………… さぼる

ちんぶりかえる ………… すねる、ふれくされる

2015年に世界文化遺産に登録された韮山反射炉。江戸末期に作られ、国内で唯一現存

静岡県のくらしの通信簿

項目	数値	評価
マネー（平均年収）	671万2000円	B
仕事（有効求人倍率）	1.56	C
住居（家賃／1ヵ月3.3㎡）	4673円（静岡市）	B
教育（待機児童率）	0.31	B
医療（医師偏在指標）	191.1	E
環境（都市公園面積／人口1人当たり）	8.41㎡	D
少子化（子ども人口割合）	12.5	C
総合評価		21

静岡県 日本一いろいろ

温泉利用宿泊施設店 ………………… 1887

環境省の温泉利用状況（2017年度）によると、静岡県内の温泉利用宿泊施設数は全国1万2880施設の14.7%にあたりトップ。収容定員数も14万2479人でトップだ。

朝食を食べ始める時間 ……………… 6時55分

総務省の2016年社会基本生活調査によると、静岡県民の平均朝食開始時刻は6時55分で日本一早い。2位は福島県、栃木県、新潟県、岐阜県の6時57分。全国平均は7時7分だった。静岡県は2011年、2006年の調査でもトップだった。

ピアノの出荷量、輸出量ナンバー1

2018年の工業統計調査によると、県内にはピアノの生産工場が5事業所あり、出荷量3万5826台、出荷額は182億3500万円で全国1位となっている。輸出量は3万585台（2017年）でこちらも1位。静岡県の楽器産業は1887（明治20）年に山葉寅楠（やまはとらくす）氏が小学校の米国製オルガンを修理したことが発端。山葉氏は明治22年に「山葉風琴製作所」を設立した。今のヤマハである。国産ピアノの生産開始は明治33年だった。

世界遺産と食の宝庫　4つのレガシーと日本一食材のオンパレード

「富士山―信仰の対象と芸術の源泉」が世界文化遺産に登録されたのは2013年のこと。2年後の2015年に「明治日本の産業革命遺産」が同じく世界文化遺産に登録され、その中に韮山の反射炉（伊豆の国市）が含まれた。さらに世界農業遺産も2ヵ所ある。2013年登録の「静岡茶草場農法」（掛川周辺地域）と2017年登録の「静岡水わさびの伝統栽培」（わさび栽培地域）である。全部で4ヵ所の世界遺産。まさにレガシー王国である。

静岡県のサイト「Myしずおか日本一一覧表」をみると、あまりの多さに圧倒される。農林産物は、普通温州みかん、グレープフルーツ、わさび、芽キャベツ、温室メロン、ルッコラなど、水産物は、きはだ、かつお、さくらえび、干しあじ、干しさば、かつおけずり節（工場数）など、加工食品は、冷凍食品魚介類、まぐろ類缶詰、レトルト食品などが収穫量・漁獲量・生産量・栽培面積などでトップになっている。毎年、宇都宮とのトップ争いが話題となる「ぎょうざ年間支出金額」。最新の2018年は浜松市が3501円で3241円の宇都宮市からトップの座を奪還した。この10年間の両市の〝対決〟は浜松の6勝4敗。

サッカー王国　国体少年サッカーの優勝回数は23回　水浴場の水質もピカイチ

県の公式ホームページによると、静岡県の少年サッカーのルーツは１９５６（昭和31）年。清水市（当時）の江尻小学校に着任した新人教師が放課後、校庭で子どもたちにボールを蹴らせたことから始まった。この年、全国に先駆けて少年サッカーチームを結成。１９６０年には同校のサッカーチームが日本で初めてスポーツ少年団登録。１９６７年には、清水市内の少年団が半年かけて戦う日本初の小学生リーグも始まった。こうした歴史、伝統を経て少年サッカー文化が定着。静岡県は、国体サッカー少年の部で23回の優勝を誇り、全国1位となっている（２０１８年10月現在）。2位は埼玉県の14回。

環境省は毎年、全国の水浴場（海水浴場、湖沼・河川の水浴場）の開設前の水質調査結果を発表する。２０１９年は全国８１９ヵ所のうち６９１ヵ所が「水質ＡＡ」「水質Ａ」だった。特に良好な「水質ＡＡ」は５８６ヵ所。静岡県には54ヵ所の水浴場があるが、そのうち44ヵ所（81・5％）が「水質ＡＡ」で全国トップだった。

愛知県

尾張名古屋はモノづくりで持つ
トヨタを筆頭に製造業1位がズラリ

基本データ

面積	5172㎢（全国27位）
位置	北緯34度34分～35度25分
県庁所在地	名古屋市（229万4362人）
人口	756万5309人（全国4位）
県の花	カキツバタ
県の木	ハナノキ
県の鳥	コノハズク
県の魚	クルマエビ

おもしろ方言

- **あけなべ**……浪費家、口が軽い人
- **あだに**……思いのほか
- **おそぎゃあ**……怖い
- **けっこい**……美しい
- **ちんちん**……とても熱い状態

CMのロケ地にもなった「水の宇宙船」（オアシス21）と名古屋テレビ塔

愛知県のくらしの通信簿

項目	数値	評価
マネー（平均年収）	692万9000円	B
仕事（有効求人倍率）	1.94	A
住居（家賃／1ヵ月3.3㎡）	4948円（名古屋市）	B
教育（待機児童率）	0.16	B
医療（医師偏在指標）	225.3	D
環境（都市公園面積／人口1人当たり）	7.61㎡	D
少子化（子ども人口割合）	13.3	B
総合評価		25

愛知県 日本一いろいろ

普通乗用車出荷額 ………………… **4兆1972億7300万円**（シェア45%）
（2018年工業統計調査）

木魚の生産は愛知県のみ

現在、国産の木魚は愛知県の数社が生産しているのみで、9割以上が輸入物である。乾燥期間が長いため完成までに約10年かかるといわれる木魚。安い海外からの輸入ものに押され、国内の手作り業者は一宮市と周辺の数えるほどになってしまった。

バレンタインの売り上げ …………… **27億円**

ジェイアール名古屋高島屋が毎年開催するバレンタイン商戦「アムール・デュ・ショコラ」。2019年の売り上げは前年比1割増の約27億円。19年連続で過去最高を記録した。バレンタイン商戦日本一だ。

名古屋のシンボル的存在の名古屋城。現存（復元含む）する天守閣の中では日本一の高さ（55.6 m）

製造品出荷額等日本一　2017年は46兆9680億円でぶっちぎり　40年連続トップ！

世界のトヨタ自動車を筆頭に大手メーカーがひしめく愛知県はまさに製造業王国。2018年工業統計調査によると2017年の製造品出荷額等は46兆9680億5502万円で2位の神奈川17兆9564億2664万円の2・6倍もある。全国（319兆1667億2500万円）の約15％を占める。1977年から40年連続でトップを維持し続けている。ちなみに事業所数（従業者30人以上）37334、従業者数84万6075人もトップである。かつては「尾張名古屋は城で持つ」と言われたが、今は「尾張名古屋はモノづくりで持つ」といったところだ。

工業県のイメージが強い愛知県だが、農業も盛んだ。県のサイトによると産出額全国1位（2016年）の品目は次の通り。「キャベツ」207億円（全国シェア16・1％）、「しそ」131億円（同61・8％）、「食用ぎく」13億円（同65・0％）、「ふき」11億円（同35・5％）、「いちじく」19億円（同27・1％）、「きく」230億円（同33・8％）、「洋ラン類（鉢）」63億円（同18・1％）、「ばら」25億円（同13・9％）。また名古屋コーチン、うずら卵、あさり類（生産量）、あゆ養殖（同）などもトップである。意外な一面だ。

日本一リッチな村　財政指数ぶっちぎりトップの飛島村

名古屋市に隣接する飛島村という人口4813人（2019年8月1日現在）の小さな自治体が注目を集めている。臨海部に名古屋港の一部があることから、農業だけでなく大企業の物流センターなど、工業施設が数多く進出。そのため財政基盤ががっちりしているのだ。それを端的に表すのが財政力指数で、なんと2・11（2018年度）。ぶっちぎりで全国1位を維持している。同村では平成3年から中学2年生を対象に「海外派遣事業」を実施。平成30年度には47人が5泊7日で姉妹都市のカリフォルニア州リオビスタ市などを訪問。ボーイング社の工場見学、スパングラー農場見学やリオビスタ市の学校での交流会など充実の日々を過ごした。長寿の「お祝い金」も半端ではない。満90歳で20万円、95歳で50万円、100歳は何と100万円が支給される（居住20年以上）というからスゴイ。

巨大マネキン「ナナちゃん」はなんと身長6m10㎝

名古屋市の名鉄百貨店「メンズ館」1階エントランスに立つ巨大マネキン「ナナちゃん」。初めてこの巨大なマネキンを見る人はブッ飛んでしまいそうだ。身長はなんと6m10㎝。体重600kg、バスト2m7㎝、ウエスト1m80㎝、ヒップ2m15㎝（名鉄百貨店のサイトから）。設置されたのは1973年というから、40代後半の美熟女ということになる？　大きさだけなく、その存在感は間違いなく日本一のマネキンだ。

三重県

「お伊勢さん」「真珠」そして「海女さん」

基本データ

面積	5774㎢（全国25位）
位置	北緯33度43分～35度15分
県庁所在地	津市（27万9802人）
人口	182万4637人（全国22位）
県の花	ハナショウブ
県の木	神宮スギ
県の鳥	シロチドリ
県の獣	カモシカ
県の魚	伊勢えび

おもしろ方言

おむし……………………………… お味噌

おーばけんたいに…………………おおっぴらに

しもてく……………………………亡くなる

だんない……………………………構わない

はざん……………………… だめ、いけない

真珠の養殖で有名な英虞湾（あごわん）の絶景。2016年伊勢志摩サミットでも注目された

三重県のくらしの通信簿

項目	数値	評価
マネー（平均年収）	655万3000円	B
仕事（有効求人倍率）	1.68	C
住居（家賃／1ヵ月3.3㎡）	3666円（津市）	A
教育（待機児童率）	0.27	B
医療（医師偏在指標）	208.8	D
環境（都市公園面積／人口1人当たり）	9.24㎡	C
少子化（子ども人口割合）	12.4	C
総合評価		24

三重県 日本一いろいろ

イセエビ出荷額 ……………… 258トン

伊勢湾と言えばイセエビ。2017年の海面漁業生産統計によると、三重県のイセエビ漁獲量は258トンで全国1位。全国の漁獲量が1075トンだから、4分の1を占めている。

液晶パネル出荷額 ……………… 5963億5800万円（2018年工業統計調査）

全国シェア52.4％で1位。シャープの亀山工場の存在が大きいと思われるが、2018年には生産縮小が伝えられた。液晶生産は今後の動向から目が離せない状況が続く。

ろうそく出荷額 ……………… 9億9400万円（2018年工業統計調査）

カメヤマローソクが有名。カメヤマ（株）は本社は大阪市だが、創業は亀山市だ。

伊勢神宮の年間参拝客は850万人　外国人は10万人

日本人の「心のふるさと」ともいうべき伊勢神宮。江戸時代には「お伊勢参り」が庶民の間で大流行。今も荘厳な世界に触れる人々が後を絶たない。トリップアドバイザーの「旅好きが選ぶ！神社仏閣ランキング2018」で3年連続で1位になった伊勢神宮は、あまたある神社の中でも別格の存在だ。「お伊勢さん」は正式には「神宮」といい、14所の別宮、43所の摂社、24所の末社、42所の所管社、あわせて125の宮社すべてを含めて神宮というそうだ。

2018年の参拝客は850万5253人で、7年連続で800万人超えとなった。過去最高は式年遷宮が行われた2013年の約1420万人。2018年の外国人の参拝客は10万1446人だった。

意外！　真珠養殖量は国内3位だった。装身具の出荷額は62億9900万円でトップ！

明治期に御木本幸吉が養殖に成功した真珠。三重県は真珠養殖発祥の地である。英虞湾《あごわん》の養殖は世界的に有名だ。養殖生産量も日本一かと思いきや、トップは愛媛県（7664kg）で、2位は長崎県（6894kg）、そして3位が三重県で4138kgだった（2017年海面漁業生産統計＝農水省）。しかし、首飾りや指輪など天然・養殖真珠装身具の出荷金額は62億9900万円で全国シェアのおよそ50％を占め、堂々のトップである。

「海の博物館調査」（鳥羽市＝2018年）によると、2017年時点での鳥羽市、志摩市の海女さんの人数はあわせて660人。アワビ、サザエなどを獲る素潜り漁に従事している。1949年には6109人もいたから、十分の一近くに減ってしまった。同じく2010年の海の博物館調査によると、全国の海女数は2174人で、三重県は973人で断トツだった。その鳥羽、志摩の海女さんも7年間で300人も減ってしまったわけだ。同地ではいま、「海女文化」をユネスコ世界文化遺産に登録する運動が始まっている。

錠・かぎの出荷額380億円は全国シェア49％でトップ　なぜ三重で錠が？

三重県の日本一データの中に「錠・かぎの出荷金額」がある。325億円5500万円で、全国シェアは46％になる（2018年工業統計調査）。なぜ、三重県でこうも鍵が作られているのか。伊賀忍者と何か関係があるのか。調べてみると、三重県には建築用錠前の生産・販売の国内シェア6割を誇る「美和ロック」（本社・東京）の工場が2ヵ所あり、そのひとつ玉城工場は同社の生産量の7割を製造する主力工場だった。なるほど、そういうことか。

滋賀県

近江の海「琵琶湖」を抱え、
自然豊かで男性の平均寿命は日本一

基本データ

面積	4017㎢（全国39位） ※琵琶湖は669㎢で県面積の16.7%
位置	北緯34度47分〜35度42分
県庁所在地	大津市（34万2950人）
人口	142万80人（全国26位）
県の花	しゃくなげ
県の木	もみじ
県の鳥	かいつぶり

おもしろ方言

かんぱ……………………………… 漬け物
きんまい………………………… 美しく立派
げべっちゃ……………………… 最後、ビリ
ちんちん………………………… 親密な間柄
まんまんさん…………………………… 仏様

国宝に指定されている彦根城。ゆるキャラ「ひこにゃん」はご当地キャラの先駆けだった

滋賀県のくらしの通信簿

項目	数値	評価
マネー（平均年収）	688万8000円	B
仕事（有効求人倍率）	1.36	D
住居（家賃／1ヵ月3.3㎡）	4009円(大津市)	B
教育（待機児童率）	1.31	D
医療（医師偏在指標）	243.5	C
環境（都市公園面積／人口1人当たり）	9.01㎡	C
少子化（子ども人口割合）	14.0	A
総合評価		23

滋賀県 日本一いろいろ

肉用牛の飼育農家1戸当たりの頭数 …………………………… 222.7頭

これは酪農王国・北海道の200.3頭を上回り全国1位。三大和牛の一角をなす近江牛産地の実力だ（畜産統計2019年）。

ボランティア活動の年間行動者率(10歳以上) ………… 33.9%

全国平均の26.0%を大きく上回り全国1位（2016年社会生活基本調査）。

成人1人当たり酒類販売量(消費量) ………………………… 58.6ℓ

全国で最も少ない消費量（2017年度国税庁データ）

近江八幡の水郷。のどかな里山の風景が広がる。琵琶湖の内湖のひとつである西の湖がある

琵琶湖を抱え、自然公園面積割合が日本一！　男性平均寿命もトップ

滋賀県の象徴といえば琵琶湖。近江の海と言われた日本最大の湖で、周囲約235㎞、面積は669・26㎢、貯水量は約275億㎥。近畿1450万人の水がめだ。1993（平成5）年にはラムサール条約の登録湿地となった。自然環境の豊かさを示すデータはまだある。県土に占める自然公園の割合だ。2017年版の環境統計集（環境省）によると、滋賀県には2ヵ所の国定公園、3ヵ所の県立公園があり、その総面積は14万9957haで、県土の37・33％になる。2位東京都（これは意外！）の36・46％を上回り全国トップだ。

2015（平成27）年の都道府県別生命表（厚労省）によると、滋賀県の平均寿命は男性が81・78年で1位、女性は87・57年で4位だった。前回調査（平成22年）では男性は2位、女性は12位だったから躍進だ。また、年少人口割合（15歳未満の総人口に占める割合）は14・1％（2017年人口推計）で沖縄県に次いで2位、平均年齢は44・5歳（全国平均は47・3歳）で全国3位（2015年国勢調査）、出生率は8・3（2017年人口動態統計＝全国平均は7・6）で全国5位となっている。子どもが多く平均寿命も長い。そのうえ出生率も高いのだ。それだけ暮らしやすい環境ということだろう。

滋賀県民のボランティア活動の年間行動者率（10歳以上）は、33・9％で全国1位（2016

年社会生活基本調査）。全国平均は26・0%。そして成人1人当たり酒類販売（消費）量は、58・6ℓで全国で最も少ない（2017年度国税庁データ）。勤勉でまじめなイメージだ。

近江商人のイメージ覆す製造業の県

滋賀といえば「近江商人」のイメージが強い。伊藤忠商事、丸紅、西武グループ、日本橋高島屋、日本橋西川など近江にルーツをもつ有名企業はあまたある。だが、近年は全国有数の内陸工業県となっている。県内総生産に占める第2次産業の割合は45・2%（平成27年度県民経済計算＝内閣府）、県内総生産に占める製造業の割合は41・1%（同）で、ともに栃木県を上回って全国トップだ。男性の有業率も高く71・0%で全国4位（平成29年就業構造基本調査）。出荷額が日本一の製品は数多くあるが、変わったところでは「かるた、すごろく、トランプ、花札、囲碁、将棋、チェス、麻雀牌、ゲーム盤等」が102億8000万円で1位となっている（2018年工業統計調査）。

図書館関連も充実している。公立図書館の専従職員の司書有資格者の割合は82・9%と全国1位。公立図書館の1人当たり蔵書冊数は7・01冊で同2位。1人当たり図書貸出数も7・75冊で同2位だ（日本の図書館 統計と名簿＝日本図書館協会＝2017年度）

京都府

歴史と文化に彩られた
世界有数の観光地のもう一つの顔

基本データ

面積	4612㎢（全国31位）
位置	北緯34度42分～35度46分
府庁所在地	京都市（人口141万2570人）
人口	255万5068人（全国13位）
府の花	しだれ桜
府の木	北山杉
府の鳥	オオミズナギドリ
府の草花	嵯峨ぎく　なでしこ

おもしろ方言

いか……………………………………………… 凧
いちびる ………………………………… 調子に乗る
おばんざい …………………… ふだんの日の物菜
きばる …………………………………… 頑張る
はんなり ……………………………明るくて上品な

清水寺の参道として古くから賑わってきた二寧坂・産寧坂。海外の観光客にも人気だ

京都府のくらしの通信簿

項目	数値	評価
マネー（平均年収）	601万7000円	C
仕事（有効求人倍率）	1.63	C
住居（家賃／1ヵ月3.3㎡）	5261円（京都市）	C
教育（待機児童率）	0.15	B
医療（医師偏在指標）	314.9	A
環境（都市公園面積／人口1人当たり）	7.31㎡	D
少子化（子ども人口割合）	11.7	D
総合評価		22

京都府 日本一いろいろ

国宝を含む重要文化財の建造物 …… 299件

奈良県の264件を上回り全国1位（文化庁＝2019年3月1日現在）

外国人に人気の観光スポット …… 伏見稲荷大社

トリップアドバイザーがの「旅好きが選ぶ！ 外国人に人気の観光スポットランキング2018」で、5年連続でトップになった。

コーヒーの消費量・消費金額トップ

総務省の家計調査（2016年〜18年平均）によると、京都市のコーヒー年間消費量は3677ｇ（全国平均2454ｇ）、消費金額8372円（6301円）でいちばん。市内には「フランソア喫茶室」や「ソワレ」をはじめ老舗喫茶店や名物喫茶店も多く、京都市民のコーヒー好きを物語っている。

桂川にかかる渡月橋。コンクリート橋ながら、一部に木を使うことで和の雰囲気を醸し出す

米国の著名旅行誌の観光都市ランキングで、過去に2年連続世界トップ

京都は世界を代表する観光都市。富裕層向け米国旅行雑誌「トラベル・アンド・レジャー」の「ワールドベストアワード」で2014年と2015年に世界トップに輝いた。その後は2016年6位、2017年4位、2018年5位と、トップの座からは落ちたものの上位を維持している。日本の都市では最高位だ。京都市の「京都観光総合調査」（2018年）によると、京都市内に宿泊した外国人観光客数（実人数）は前年比97万5000人増の450万3000人。外国人宿泊客の構成比は①中国②台湾③アメリカの順。アジア客は全体の59・1％で欧米豪が35・1％。日本全体の構成に比べアジア系が少なく、欧米豪は3倍超の水準だ。

外国人人気はますます上昇しているのだが、喜んでばかりはいられない。その一方で日本人を含めた観光客数（5275万人）は約1・6％の減少。3年連続のマイナスだ。国内の自然災害の影響に加え、外国人客の急増に伴う交通機関の混雑などが敬遠されているようだ。「観光公害」のマイナスが表面化した形だ。

人口に対する大学の数、学生数の割合が日本で一番　老舗企業も山ほどある

古都、京都は歴史の街であると同時に学問・学生の街でもある。歴代のノーベル賞受賞者を輩

出した京都大学をはじめ、立命館、同志社など京都市には大学、短大あわせて38校がひしめく。２０１９年５月時点のデータ（学校基本調査＝文科省）では、京都市の学生数は約14万７０００人で人口の約10％を占める。ちなみに全国一大学・短大数が多い東京23区（１２２）の学生数は約54万６０００人（２０１７年度）で、人口比は５・８％である。都道府県単位でみると、京都府の人口10万人当たりの大学数は１・３１校で全国１位だ（統計でみる都道府県のすがた２０１９）。

京都には任天堂、京セラ、オムロンなど独創的で世界的な企業が数多くあるが、注目は「老舗企業」の割合の高さだ。帝国データバンクの特別企画・「老舗企業」の実態調査（２０１９年）によると、２０１９年中に業歴１００年となる企業を含めた「老舗企業」は全国に３万３２５９社ある。最多は東京都の３３６３社がトップ。京都府は１４０３社だが、府全体の企業に占める「老舗企業」の割合である「老舗企業出現率」は４・７３％で全国１位だ。全国平均は２・２７％。２位の山形県は４・６８％となっている。京都に老舗が多い理由について、このレポートは「伝統工芸を守り育てる土壌があったことなどが、呉服を扱う企業や、寺社仏閣の改築を手がける老舗企業の存続に大きく寄与した」と分析している。

大阪府

なにわの街に息づく商人文化と混沌

基本データ

面積	1905㎢（全国46位）
位置	北緯34度16分～35度03分
県庁所在地	大阪市（271万4484人）
人口	884万8998人（全国3位）
大阪の花	さくらそう　うめ
大阪の木	いちょう
大阪の鳥	もず

おもしろ方言

あかんたれ …… 弱虫

いてこます …… やっつける

いらち …… 落ち着きがない

えーし …… 金持ち

こいさん …… 末娘

ド派手な看板やネオンで大阪を代表する風景のひとつ、通天閣と新世界

大坂府のくらしの通信簿

項目	数値	評価
マネー（平均年収）	593万円	D
仕事（有効求人倍率）	1.80	B
住居（家賃／1ヵ月3.3㎡）	5907円(大阪市)	D
教育（待機児童率）	0.32	B
医療（医師偏在指標）	274.4	A
環境（都市公園面積／人口1人当たり）	5.32㎡	E
少子化（子ども人口割合）	12.0	C
総合評価		21

大阪府 日本一いろいろ

日本一高いビル …………………… **あべのハルカス・高さ300m**

日本で一番高い高層複合ビル。ハルカスは、日本の古の言葉「晴るかす」から。意味は「晴らす、晴れ晴れとさせる」。

電気がま出荷額 …………………… **308億1200万円**

全国の出荷額は856億500万円（2018年工業統計調査）でシェアは36%。

日本一長い商店街 …………………… **天神橋筋商店街**

大阪市北区の天神橋を起点として天神橋7丁目まで延びる全長約2.6㎞の商店街。約800店舗が軒を連ねる。

スカーフ・マフラー出荷額 ………… **11億9100万円**（シェア26.9%）（2018年工業統計調査）

伊丹空港（大阪国際空港）は、飛行機ファンの人気スポット。手が届きそうに思える高さを飛行機が着陸する

2025年大阪万博開催決定　大阪復権がいよいよ本格化！

この数年、大阪駅周辺の再開発が急ピッチで進み、駅前の光景は一変、賑わいを取り戻した。大阪府の2018年の延べ宿泊者数は3576万人で東京都に次いで2位。前年から7・7%も増加した（観光庁・宿泊旅行統計調査）。宿泊施設の客室稼働率は79・8%で、これも東京都の80・3%に次ぐ。リゾートホテルの稼働率は90・4%で日本一だ。大阪を訪れる外国人は1100万人を突破、道頓堀界隈はアジアからの観光客であふれかえっている。阿倍野区にある「あべのハルカス」も人気スポット。高さ300mで日本で一番高い高層複合ビルだ。

2019年6月にG20サミットを開催した大阪では、2025年の大阪万博開催が決まったほか、7月に「百舌鳥・古市古墳群」が大阪府では初の世界文化遺産に登録されることが決定した。また、2020年には大阪都構想をテーマにした住民投票も予想されている。大阪は今、本格復権に向け、大きな変革期に突入している。

甲子園優勝回数　断トツの1位　春11回　夏14回

甲子園を舞台に熱戦が繰り広げられる高校野球。大阪は強い！　2019年夏は履正社が初Vを飾った。春の選抜は11回（愛知県も11回）、夏の選手権は14回（2位は愛知県8回）の優勝を

誇っている。選抜優勝校はＰＬ学園と大阪桐蔭が各３回など（１位は東邦の５回）。選手権は大阪桐蔭５回、ＰＬ学園４回など（１位は中京大中京の７回）。ＰＬ学園は４人のメジャーリーガーを輩出し、日本一だ。

喫茶店文化もなにわ経済の歴史。２０１６年経済センサスによると全国の喫茶店数は６万７１９８店。最も多いのが大阪府で８６８０店。喫茶店王国と言われる愛知県（７７８４店）を抑え、堂々のトップだ。アイスコーヒーを「冷コー」「レーコ」と呼ぶ大阪の喫茶店文化。昭和期には喫茶店で商談を、というパターンが日常的だった。最近は個人経営の店が減り、そうした習慣も減っているようだ。

ユニークなのが電気がまの出荷額だ。年間３０８億１２００万円でトップ。全国の出荷額は８５６億５０００万円（２０１８年工業統計調査）だから３分の１以上になる。白物家電製造拠点の伝統か。

帽子づくりも盛ん。織物製帽子の出荷額は44億４９００万円で全国シェア41％。その他の帽子（フェルト製など）は12億２４００万円で同19・４％（２０１８年工業統計調査）だ。大阪では１８６６（慶応２）年、大阪城に出入りしていた商人がオランダ人が着用していた帽子の模造品を作ったのが「はじまり」とも言われている。

兵庫県

港町・神戸と姫路城そして日本有数の酒どころ

基本データ

面積	8400㎢（全国12位）
位置	北緯34度09分～35度40分
県庁所在地	神戸市（153万8025人）
人口	557万618人（全国7位）
県の花	ノジギク
県樹	クスノキ
県の鳥	コウノトリ

おもしろ方言

ありこまち……あるだけ全部

いぬ……帰る

おいやか……静か、穏やか

こっぴんかたげる…小鬢を傾ける→思案する

せちべん……けち

2015年3月に「平成の大改修」が終わった姫路城。その白さに“白すぎ城”と話題になった

兵庫府のくらしの通信簿

項目	数値	評価
マネー（平均年収）	616万1000円	C
仕事（有効求人倍率）	1.43	D
住居（家賃／1ヵ月3.3㎡）	5686円（神戸市）	D
教育（待機児童率）	1.40	D
医療（医師偏在指標）	243.0	C
環境（都市公園面積／人口1人当たり）	12.50㎡	B
少子化（子ども人口割合）	12.5	C
総合評価		19

兵庫県 日本一いろいろ

婦人用・子供用革靴出荷額 ………… 157億3500万円
（2018年工業統計調査）

兵庫県内に49の事業所があり、これも日本一。出荷額シェアは33%。「靴の街」と言われる神戸。神戸港開港後、居住地に住む外国人の靴を修理・新調するなかで神戸靴が生まれたとか。

パン消費金額(神戸市) ………………… 年間3万7951円
（家計調査2016～18年平均）

全国平均の3万268円を大きく上回り1位。米の消費金額は2万1490円で全国平均2万3839円を大きく下回り、政令市、県庁所在地で44番目。神戸港開港（1868年）の翌年には外国人居留地にイギリス人とフランス人が経営するパン屋が開業したとも言われ、その歴史は150年になる。港町・神戸ならではの食文化だ。

整髪料出荷額 ……………………………… 187億7600万円
（2018年工業統計調査）

全国の出荷額は664億円なのでシェアは28%

日本一短い国道 ……………………… 187.1m

神戸市にある国道174号線は長さがわずか187.1m。国道2号線との交差点から神戸税関のすぐ南まで。これですべて。「日本で一番短い国です」の看板も立っている。

日本初の世界文化遺産・姫路城　平成の大修復で大人気　灘五郷は日本酒生産日本一

白鷺城ともいわれ日本屈指の美しさを誇る姫路城は、1993（平成5）年に法隆寺とともに日本で初めて世界文化遺産に登録された。平成の大改修が終わった2015年度の入城者は286万7051人を記録。日本一となった。外国人観光客にも人気で、トリップアドバイザーの「旅好きが選ぶ！　外国人に人気の観光スポット2018」で10位に。ミシュラン・グリーンガイド・ジャポンでは最高の三つ星を獲得している。アジア系だけでなく最近はフランス人観光客が急増しているという。

神戸市、西宮市沿岸部の灘五郷は、室町時代から受け継がれる日本一の酒どころ。江戸向けの銘醸地として発展したのは18世紀以降。兵庫県の日本酒生産量＝課税移出数量（2016年）は14万348kℓで、2位の京都府（11万8932kℓ）を引き離してトップだ（国税庁＝清酒製造業の概況）。酒造好適米の生産量も兵庫県は2万6645トンでトップ。全国シェアは27％となっている（2017年産　農産物検査結果＝農水省）。

世界最長のつり橋　明石海峡大橋

1998年に完成した明石海峡大橋（パールブリッジ）は、全長3911m、海面から路面ま

での高さ約96m、全6車線の世界一長いつり橋。神戸市垂水区の舞子と淡路島を結ぶ。1092個の特殊照明装置が施されていて、四季折々に光の表現で照らしだされる姿はまさに絶景だ。

日本一の鞄生産量を誇るのは兵庫県北部の豊岡市。奈良時代に始まる柳細工を起源とし、江戸時代に柳行李生産が盛んに。大正以降に鞄の生産地となった。「豊岡鞄」は2006年、特許庁に地域団体商標として最初に認定された。ロゴマークは江戸時代の但馬豊岡藩主・京極家の家紋から一つの菱を取り、鞄の持ち手を付けたデザイン。豊岡の鞄製造を含めた兵庫県の「なめし革製書類入かばん、学生かばん、ランドセル」の出荷量（2018年）は38万6396個、出荷額は68億6800万円で全国2位（2018年工業統計調査）だ。

ハイカラな港町らしいデータがある。神戸市のパン購入金額だ。年間3万7951円（家計調査2016〜18年平均）は全国平均の3万268円を大きく上回り1位。米の購入金額は2万1490円で全国平均2万3839円を大きく下回り、政令市、県庁所在地で44番目。神戸港開港（1868年）の翌年には、外国人居留地にイギリス人とフランス人が経営するパン屋が開業したとも言われ、その歴史は150年になる。港町・神戸ならではの食文化だ。

奈良県

古都の歴史文化と意外な日本一

基本データ

面積	3690km²（全国40位）
位置	北緯33度51分〜34度46分
県庁所在地	奈良市（35万7171人）
人口	136万2781人（全国30位）
県の花	奈良八重桜
県の木	スギ
県の鳥	こまどり
県の魚	きんぎょ　あゆ　あまご

おもしろ方言

あいさに……たまに
うんつく……馬鹿者
がしんたれ……けち
しょーぶわけ……形見分け
はしかい……すばしっこい

朱雀門や大極殿が復元されている平城宮跡。2018年3月には朱雀門ひろばがオープン

奈良県のくらしの通信簿

項目	数値	評価
マネー（平均年収）	612万9000円	C
仕事（有効求人倍率）	1.53	C
住居（家賃／1ヵ月3.3㎡）	4133円（奈良市）	B
教育（待機児童率）	0.77	C
医療（医師偏在指標）	241.1	C
環境（都市公園面積／人口1人当たり）	12.92㎡	B
少子化（子ども人口割合）	12.0	C
総合評価		23

奈良県 日本一いろいろ

墨の生産量 ………………………… 全国シェア95%

奈良県の墨生産の起源は1400（応永7）年までさかのぼる。興福寺で仏壇にお供えする灯明から取れるすすを原料にして作られたことだという。「奈良墨」と呼ばれ、業界のサイトによると全国シェアは95%。

牛肉の消費量／消費金額（奈良市）…… 9596g／3万8247円

奈良市民は牛肉が大好き！　消費量・消費金額ともにトップだ。総務省の家計調査（2016〜18年平均）の政令市・県庁所在地ランキングで、奈良市は消費量・消費金額とも1位だった。消費金額の全国平均は2万1890円だから、1.75倍になる。

核家族世帯の割合 ……………………… 63.91%

2015（平成27）年のデータで全国トップ（統計でみる都道府県のすがた2019）。

若草山から奈良市内を眺望する。大仏殿がひときわ大きく目立つのが分かる

世界一古い木造建築・世界遺産「法隆寺」と金魚の街・大和郡山

法隆寺は1993（平成5）年に姫路城とともに日本初の世界文化遺産に登録された。607（推古5）年、聖徳太子と推古天皇によって創建されたと伝わっている。世界最古の木造建築で、国宝・重要文化財の建築物だけでも55棟に及ぶ。建造物以外にも傑出した仏教美術品が多数あり、国宝だけで38件・150点、重要文化財を含めると3104点にもなるというからすごすぎる。

1724（享保9）年に柳澤吉里《やなぎさわよしさと》公が甲斐の国（山梨県）から入部したときから始まったとされる大和郡山の金魚養殖。明治維新以降は、食録を失った藩士や農家の副業として盛んに行われるようになったという。現在は、養殖農家数約50戸、養殖面積は約60haで、年間販売量は約5515万7000尾（市役所のサイトから）。1998（平成10）年には8551万尾を販売していた。大和郡山市と並ぶ一大産地・愛知県弥富市は生産量が約850万尾（同市のサイトから）。全国的な統計はないが、生産・販売に関しては大和郡山が日本一とみて間違いなさそうだ。大和郡山市は、毎年夏には全国金魚すくい選手権が開催されている。

靴下　生産量・出荷額ともに断トツ！　シェアは57%

奈良県は靴下出荷量、出荷額ともに全国トップの靴下王国だ。江戸時代から栽培されていた大

和木綿を活かした地場産業として、明治期に発展。兵庫や東京など全国の産地との競争に勝ち抜き、昭和36年度以降は一番の産地となっている。２０１８年のソックスの出荷量は８８３５万９０００足、出荷額は１７４億２３００万円で堂々の全国１位となっている。そのシェアは、出荷量は53%、出荷額は51%となっている。奈良と靴下。意外な組み合わせだった。

墨の生産量も日本一だ。奈良県の墨生産の起源は１４００（応永７）年までさかのぼる。興福寺で仏壇にお供えする灯明から取れるすすを原料にして作られたのだという。「奈良墨」と呼ばれ、全国シェアは95%以上とされる。

国立奈良教育大のイメージキャラクターはシカをモチーフにした「なっきょん」。２００８年に創立１２０周年を記念して誕生した。奈良といえばシカ。奈良公園には１３６０頭のシカが生息しているという（奈良の鹿愛護会のサイトから）。

和歌山県

紀州と言えば南高梅とみかん、
そしてパンダがいる！

基本データ

面積	4724㎢（全国30位）
位置	北緯33度25分〜34度23分
県庁所在地	和歌山市（36万8835人）
人口	96万4598人（全国40位）
県の花	うめ
県の木	うばめがし
県の鳥	めじろ
県の魚	まぐろ

移住希望地域ランキング　18位

おもしろ方言

あいた……………………………… 明日

ころもし……………………………とても、すごい

ななこ……………………………… お手玉

へらこい…………………………… 人懐っこい

ぽっきんこ………………………… 小銭

奇岩の名所、和歌山の橋杭岩。波に浸食され、硬い部分だけが残って、橋の杭だけに見える

和歌山県のくらしの通信簿

項目	数値	評価
マネー（平均年収）	574万6000円	D
仕事（有効求人倍率）	1.44	D
住居（家賃／1ヵ月3.3㎡）	3506円（和歌山市）	A
教育（待機児童率）	0.26	B
医療（医師偏在指標）	257.2	B
環境（都市公園面積／人口1人当たり）	7.38㎡	D
少子化（子ども人口割合）	11.7	D
総合評価		21

和歌山県 日本一いろいろ

エビの消費量／消費金額（和歌山市）…… 1951g／4257円
（家計調査2016～18年平均）

和歌山市民はエビ好き。2016～18年平均の和歌山市の年間エビ消費量は1951g（全国平均1359g）、消費金額は4257円（全国平均2988円）で堂々のトップ。

ケチャップの消費量（和歌山市）…… 1960g
（家計調査2016～18年平均）

意外なトップなのがケチャップの消費量。和歌山市のケチャップ消費量は1960gで全国平均の1570ｇを大きく上回り1位。消費金額は全国4位だ。

郵便貯金残高日本一（人口1人当たり）…… 169万5000円

2017年全国では130万5000円（統計でみる都道府県のすがた2019）

熊野本宮大社旧社地・大斎原（おおゆのはら）の鳥居。幅42m、高さ33.9mは日本一の大きさ

「みかん」「うめ」と「かき」の収穫量トップ！　白浜町のパンダも大人気

みかんの収穫量は15万5600トンで全国シェアは20％。うめの収穫量は7万3200トンで全国シェアは65％。かきの収穫量は3万9200トンで全国シェアは19％（いずれも2018年産 作況統計＝農水省）。みかんでは「有田みかん」が2006年に地域団体商標を取得した。「うめ」の最高級ブランド「南高梅」の主要生産地はみなべ町。「紀州みなべの南高梅」も2006年に地域団体商標を取得している。

トリップアドバイザーの「旅好きが選ぶ！日本の動物園ランキング2018」で、6頭のパンダが暮らす白浜町の「アドベンチャーワールド」が1位に選ばれた。同園は1978年開園で、2018年8月には、父「永明《えいめい》」と母「結浜《ゆいひん》」の間に「彩浜《さいひん》」が生まれた。上野動物園のパンダは2017年に生まれた「シャンシャン」を含めて3頭。アドベンチャーワールドは、パンダ飼育頭数でも日本一だ。

家電普及率がスゴイ！　電子レンジ、洗濯機、ルームエアコンでトップ

人口93万人の小さな県ながら、家電製品の普及率ナンバー1がたくさんある。平成26年全国消費実態調査によると、和歌山県が全国トップになっている製品は、電子レンジ（普及率99・4％）、

洗濯機（普及率99・6％）、ルームエアコン（普及率98・2％）。2位となっているのは高効率給湯器、自動炊飯器、電気掃除機、IHクッキングヒーター、食器洗い機。家電製品ではないが、オートバイ・スクーターの普及率も33・3％で全国トップだ。

エビとケチャップが大好き　日本一短い川も

和歌山県の人々が好きな食べ物はエビ。2016年～18年平均の和歌山市の年間エビ消費量は1951g（全国平均1359g）、消費金額は4257円（全国平均2988円）で堂々のトップ。意外なトップはケチャップの消費量。和歌山市のケチャップ消費量（家計調査）は1960gで全国平均の1570gを大きく上回り1位。消費金額は全国4位だ。

鯨のまち・太地町には「町立くじらの博物館」がある。2019年で開館50年を迎えた。同町は町内の森浦に鯨類を放つ「森浦湾鯨の海構想」の実現に向けて取り組んでいる。商業捕鯨の是非だけでなく、鯨と人の共生のあり方に注目していきたい。

鳥取県

誰もが知っている鳥取砂丘は
広さ日本一じゃなかった！

基本データ

面積	3507㎢（全国41位）
位置	北緯35度03分〜35度36分
県庁所在地	鳥取市（18万8286人）
人口	56万6052人（全国47位）
県花	二十世紀梨の花
県木	ダイセンキャラボク
県鳥	おしどり
県魚	ヒラメ

おもしろ方言

あばかす……………………………………だます
あっとろしい…………………………恐ろしい
かんちょろい……………………………………弱い
だらず………………………………………愚か者
はたはた……………………元気よく、景気よく

観光可能な砂丘のなかでは日本一の規模となる鳥取砂丘。起伏に豊んだ地形も特徴的

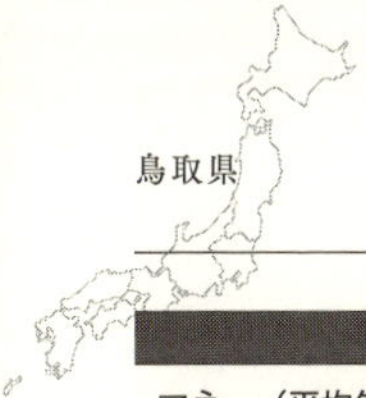

鳥取県のくらしの通信簿

項目	数値	評価
マネー（平均年収）	619万2000円	C
仕事（有効求人倍率）	1.75	B
住居（家賃／1ヵ月3.3㎡）	4152円（鳥取市）	B
教育（待機児童率）	0.00	A
医療（医師偏在指標）	255.0	B
環境（都市公園面積／人口1人当たり）	11.40㎡	B
少子化（子ども人口割合）	12.6	C
総合評価		27

鳥取県 日本一いろいろ

カレールウの消費金額・消費量（鳥取市） ……………… **1902円／1898g**（家計調査2016～18年平均）

全国平均は消費金額1474円、消費量1453g。鳥取市民は1.3倍多く消費している。カレー専門店だけでなく、喫茶店や定食屋など街にはカレーがあふれているという。

卵の年間消費量（鳥取市） ……………… **3万9528g**

家計調査（2016年～18年平均）で鳥取市は、卵の年間消費量も多いことが判明。全国平均の3万1439gの1.26倍。マヨネーズも好きだが、卵そのものも大好きなのだ。

なしの消費金額・消費量（鳥取市） ……… **8271円／1万1667g**（家計調査2016～18年平均）

鳥取県は日本なしの収穫量が全国5位。鳥取市は、なしの年間消費金額が全国平均1787円のなんと4.63倍でトップ。消費量も全国平均3622ｇの3.22倍。断トツなのである。

中国地方の名峰「大山」。その南壁は、険しい岩肌で、荒々しい表情を見せる

鳥取砂丘はココが日本一！　県内のスポーツ関連施設の充実ぶりがすごい

日本でもっとも大きな砂丘は鳥取砂丘ではなく、青森県の猿ヶ森砂丘だという意外な説がある。鳥取砂丘は南北2・4㎞、東西16㎞、猿ヶ森砂丘は南北17㎞、東西1〜2㎞。実際の面積はどちらが広いのか。青森、鳥取、国土地理院など関係先は「正確な面積は不明」とのこと。鳥取県のサイトは「面積が日本一ではありません」としているが、「鳥取砂丘のここが日本一！」と面積以外のすごさをこうアピールしている。「砂丘本来の姿を残していて、風と共に砂が動く自然の姿が維持・保全されていること」「鳥取砂丘は砂と砂の間に火山灰層を挟んでいて、そこから砂丘の形成過程が分かるということ」「起伏が非常に大きい砂丘であるということ」。この3つの特徴から「鳥取砂丘は日本一の砂丘とされています」と解釈している。

人口が日本で最も少ない県であるが、スポーツ関連の施設は充実している。多目的運動場広場数は人口100万人当たり184・8（全国平均59・5）で日本一だ。体育館数は人口100万人当たり233・7（全国平均56・0）でトップ。水泳プール数は人口100万人当たり61・0（全国平均27・1）でこれまたトップである（いずれも社会生活統計2019から＝データは2015年）。スポーツを楽しむには抜群の環境だ。

かにの購入金額、消費量は鳥取市がナンバー1　マヨネーズも大好き！

鳥取のイメージはかに。中でも松葉がには全国ブランドだ。県のサイトに「蟹取県ウェルカニキャンペーン」公式ＨＰを開設するほど、かにへのこだわりが強い。市内には「かにっこ館」という入館料無料の小さな水族館まである。館内の「松葉がに牧場」では深海に生息する松葉ガニの生態を観察できる。松葉がにといえば、２０１８年11月に鳥取港で水揚げされ、２００万円で競り落とされたかにが、落札価格の高さでギネス世界記録に認定された。鳥取市のかにの年間消費金額は４７３１円、消費量は２３９３ｇで全国平均を大きく上回りトップだ（家計調査２０１６年～18年平均）。

そして、なぜかマヨラーが多い県である。同じ家計調査によると、鳥取市のマヨネーズ年間消費金額１４４９円、年間消費量３１１４ｇは全国トップ。消費量の全国平均は２５０１ｇだから１・２５倍になる。また、鳥取市は、卵の年間消費量が３万９５２８ｇで全国平均の３万１４３９ｇの１・２６倍。卵そのものも大好きなのだ。

卵といえば鳥取県にはユニークな特産品がある。「砂たまご」（３個入り３５０円）だ。平飼いの有精卵を因州和紙で包み、鳥取砂丘の砂で焼き蒸したもの。「温泉たまごがあるのだから砂のたまごがあってもいい」という発想から生まれたヒット商品である。

島根県

縁結びの出雲大社と松江城、そして温泉

基本データ

面積	6708㎢（全国19位）
位置	北緯34度18分〜37度14分
県庁所在地	松江市（20万2906人）
人口	68万6126人（全国46位）
県の花	ぼたん
県の木	黒松
県の鳥	ハクチョウ
県の魚	飛魚

おもしろ方言

いびせー……………………………… 恐ろしい

きんにょ…………………………………… 昨日

くじ………………………………… 小言、苦情

たばこする……………………………… 休憩する

はいごん………………………………… 大騒ぎ

美しいエメラルドグリーンの日本海をバックに折居駅近くを走る特急「スーパーおき」

島根県のくらしの通信簿

項目	数値	評価
マネー（平均年収）	620万3000円	C
仕事（有効求人倍率）	1.65	C
住居（家賃／1ヵ月3.3㎡）	4151円（松江市）	B
教育（待機児童率）	0.00	A
医療（医師偏在指標）	235.9	C
環境（都市公園面積／人口1人当たり）	15.32㎡	B
少子化（子ども人口割合）	12.3	C
総合評価		25

島根県 日本一いろいろ

世界一の砂時計 ……………… 全長5.2m、砂の容量1トン

大田市仁摩町の「仁摩サンドミュージアム」にある「一年計砂時計」は世界最大の砂時計。仁摩町の琴ヶ浜は「日本の音風景百選」「日本の渚百選」にも選ばれた鳴り砂海岸として知られる。

県税納付率 …………………… 99.23%

島根県民の納税意識の高さを物語るデータ。平成20年度から29年度まで連続で納付率が全国トップである。平成29年度の納付率は99.23%だった（全国平均98.60%）。

日本でいちばん高い灯台 …… 43.65m

出雲市大社町にある出雲日御碕灯台（ひのみさきとうだい）は日本一の高さを誇る。世界の歴史的灯台百選（国際航路標識協会）にも選ばれている。

山陰地方で天守が唯一残っている松江城。2015年7月に天守が国宝に指定された

「日本一の縁結び」・出雲大社のパワー　小泉八雲が愛した城下町・松江

島根といえば出雲大社である。正式には「いづもおおやしろ」と読む。御祭神は大国主大神様＝「だいこくさま」。縁結びの神として人々に慕われているが、その縁は男女の縁だけでなく、「生きとし生けるものが共に豊かに栄えていくための貴い結びつき」だという。さて、その出雲大社の神楽殿のしめ縄は長さ13・5m、胴回り8m、重さ4・4トンで日本最大級。60年ぶりの大遷宮を迎えた2013年の年間参拝客は過去最高の804万人を記録した。

県庁所在地の城下町・松江にそびえる松江城は全国に現存する12天守の一つで、別名「千鳥城」。2015年に国宝に指定された。鯱は高さ2m。木造のものでは日本最大だ。松江城の近くに、明治時代この地を愛した小泉八雲（ラフカディオ・ハーン）の功績をたたえる「小泉八雲記念館」がある。八雲の「聖地」として訪れる外国人が増えているという。2014年から「怪談のふるさと　松江」を宣言。5周年を記念して2019年に、漫画家・松本零士氏の設定・監修した「雪女～特別編～」のアニメを制作し、市のサイトで公開している。小泉八雲が米国の占領政策にも影響を与えたという話も出てきたりして、なかなか奥が深い。

実は知られざる温泉県！　2016年の温泉総選挙で玉造温泉が環境大臣賞受賞

島根県には18市町村に44の温泉地があり、源泉総数は２５３ある。女性に人気が高いのが美肌の湯として定評のある玉造温泉（松江市）。日本最古の湯として知られる玉造温泉は、西暦７３３年編纂の「出雲国風土記」に「川辺に湯が沸き老若男女が賑わった」と記されている。その出雲風土記には「一度入浴すればお肌が若返るようになり……」といった記述があるそうで、美肌作用は古の時代から有名だったようだ。２０１６年の「温泉総選挙」では「うる肌部門」の１位となり、環境大臣賞を受賞した。

温泉の効果なのだろうか。ポーラ化粧品の「美肌県グランプリ２０１８」で島根県は美肌偏差値78・６４で秋田県（同68・３３）を抑えてトップとなった。「肌のうるおいとバリア機能の高さはダントツ」（同社サイトより）だという。

驚いたのは島根県民の納税意識の高さである。平成20年度から29年度まで県税の納付率が全国トップ。ちなみに29年度の納付率は99・23％。全国平均は98・60％である。投票率も高い。統一地方選挙における知事選挙の投票率で、島根県は95・０７％（１９５１年）で史上１位となっている。

岡山県

渋野日向子を生んだ「晴れの国」はフルーツとジーンズ生産のメッカ

基本データ

面積	7114㎢（全国17位）
位置	北緯34度17分～35度21分
県庁所在地	岡山市（70万9271人）
人口	191万1722人（全国20位）
県の花	ももの花
県の木	アカマツ
県の鳥	キジ

おもしろ方言

あまる……腐る
おえん……だめだ、いけない
かたえる……便秘すること
さばる……しがみつく
ひょんなげな……変な、奇妙な

朝霧に包まれた備中松山城。遺跡風景の竹田城と違って、天守が雲海に浮かぶ

岡山県のくらしの通信簿

項目	数値	評価
マネー（平均年収）	619万7000円	C
仕事（有効求人倍率）	2.03	A
住居（家賃／1ヵ月3.3㎡）	4355円（岡山市）	B
教育（待機児童率）	1.21	D
医療（医師偏在指標）	278.8	A
環境（都市公園面積／人口1人当たり）	14.35㎡	B
少子化（子ども人口割合）	12.6	C
総合評価		26

岡山県 日本一いろいろ

住んでみたい都道府県 ………………… 245票でトップ（6.6%=総数3714票）

Jタウン研究所が2018年に行ったアンケート調査の結果。2位は沖縄県で188票だった。

ごみリサイクル率 ……………………… 31.2%

環境省のまとめによると、2016年度の都道府県別のごみのリサイクル率は岡山県が31.2%で2年連続の首位となった。全国平均の20.3%を大きく上回っている。

防犯ボランティア団体構成員数 …… 425.9人（人口1万人当たり）

警察庁データを基に人口統計（2016年）から計算。防犯意識が高い。

「水あめ、麦芽糖」出荷額 …………… 142億9300万円

水あめ、麦芽糖の出荷額がシェア33.4%で全国1位。「畳表」も出荷額47億7400万円で1位、シェア63.8%（いずれも2018年工業統計調査）。

美しい白壁の建物と河畔が続く倉敷美観地区。外国人観光客もたくさん訪れる

桃太郎像とフルーツ　そして学生服にジーンズ

岡山駅を降りると岡山のシンボル・桃太郎像が目に飛び込んでくる。おとぎ話の舞台・岡山は日本有数のフルーツ王国。栽培面積日本一のフルーツは、マスカット・オブ・アレキサンドリア52・0ha、ピオーネ 890ha、清水白桃 225ha（2016年産＝農水省調査）など。岡山ブランドとして世界に流通している。

中学生、高校生の必須アイテムである学生服。工業統計調査などによると岡山県は学生服の生産額は全国シェアの6〜7割を占める。江戸時代の真田紐や小倉織の生産を通じて伝統産業として繊維産業が発展。大正時代の洋装化を機に、学生服が急速に普及した。

最近、高い評価を得ているのが、1965年から製造を始めたジーンズだ。「児島ジーンズ」のブランドで全国にファンがいる。

繊維関連事業所が集積する倉敷市の児島エリアには、帆布製品やジーンズの工場併設店舗、国産ジーンズの歴史を学べる「ジーンズミュージアム」、学生服の歴史を展示した「児島学生服資料館」などの施設がある。また、倉敷市はデニム・ジーンズ関連の職人や創業を目指す人を対象にした講座や縫製技術などを学ぶ工場見学ツアーを実施、人材育成に力を入れている。こうした倉敷市の「繊維産業の発展が歴史的町並みの形成や地域経済発展の礎になった」というストーリ

ーが、２０１７年に国の日本遺産に認定された。

岡山県民は本好き！　県立図書館の来館者数・個人貸出冊数が断トツ日本一

（公社）日本図書館協会の調査で、２０１７（平成29）年度の岡山県立図書館の来館者数、個人貸出冊数が日本一になった。来館者数は１００万７６１人で２位の山梨県立図書館（92万２６１７人）を８万人近く上回った。個人貸出冊数は１４１万９６５７冊で、２位の香川県立図書館（90万９４２２冊）に50万冊もの差をつけ断トツだ。平成17年度から13年連続で日本一。

晴天の日が多いのも特徴だ。岡山県は、県のイメージを表す言葉として平成元年から「晴れの国」を使っている。その根拠は気象庁の「降水量１㎜未満の日の平年値（１９８１年〜２０１０年）」。岡山県は年間２７６・８日で、東京都の２６３・６を上回り全国トップとなっている。日照時間や快晴日数ではない。最近は「ハレウッド」をPR中だ。

岡山市のHPのトップページに登場するのは「渋野日向子さん　AIG全英女子オープンゴルフ優勝おめでとうございます」の文字と会見で笑顔を見せる同選手の写真。世界が注目するスマイルシンデレラの今後に期待が高まる一方だ。

広島県

広島東洋カープだけじゃない魅力の数々

基本データ

面積	8479㎢（全国11位）
位置	北緯34度2分～35度6分
県庁所在地	広島市（119万6138人）
人口	283万8632人（全国12位）
県の木	モミジ
県の鳥	アビ（渡り鳥）
県の魚	カキ

移住希望地域ランキング　6位

おもしろ方言

おどれ……お前、きさま
たばける……驚く
なす……返す、戻す
にぎり……けち
のーくり……怠け者

原爆ドームと元安川。爆風で吹き飛んだ物が、今も元安川にたくさん残されているという

広島県のくらしの通信簿

項目	数値	評価
マネー（平均年収）	613万4000円	C
仕事（有効求人倍率）	2.06	A
住居（家賃／1ヵ月3.3㎡）	4212円（広島市）	B
教育（待機児童率）	0.20	B
医療（医師偏在指標）	240.4	C
環境（都市公園面積／人口1人当たり）	10.39㎡	C
少子化（子ども人口割合）	12.9	C
総合評価		25

広島県 日本一いろいろ

レモンの収穫量 ………………………… 5220トン

瀬戸内海にある尾道市の生口島と高根島は生産量日本一を誇る「広島レモン」の産地。全国の収穫量8459トンのうち、広島県は5220トンを占める。全国シェアは61.7％だ（2018年産＝農水省・特産果樹生産出荷実績）。

手縫い針生産量トップ

地域団体商標に認定された「広島針」は300年以上前、藩主浅野家が、武士の手内職として普及させたことに始まる。現在、広島県の手縫い針、待針の生産量は全国の9割以上と言われている。

長寿世界一のクロサイ

広島市の安佐動物公園のクロサイ「ハナ」は1971年、推定5歳の時にケニアから来園。2015年には当時のクロサイの長寿記録49歳に並び、以降は長寿記録を更新してきた。そのハナが2018年9月、推定52歳で世を去った。動物公園内には、献花台が設置され、多くの来園者がその死を惜しんだ。

平和公園近くを走る広島電鉄の路面電車。いまも原子爆弾で被爆した電車が街を走っている

2つの世界遺産「厳島神社」と「原爆ドーム」、そして生産量日本一の「しゃもじ」

広島県には2つの世界遺産（文化遺産）がある。厳島神社と原爆ドームでともに1996年に登録された。厳島神社は海を敷地とした独創的な配置構成、平安時代の寝殿造りの粋を極めた日本屈指の名社で、1400年の歴史を誇る。神社のある宮島（廿日市市）には年間430万人（2018年）が訪れている。宮島と言えば木製しゃもじの生産量日本一で有名だ。江戸時代の寛政年間（1789年〜1801年）、厳島神社の近くにある光明院という寺の修行僧が、主たる産業のなかった宮島のために「厳島・弁財天」が手に持つ琵琶と形が似たしゃもじを作り、宮島参拝客向けのお土産とすることを島の人々に勧めたことがルーツだという。カープを応援するときに、応援しゃもじを鳴らすシーンが見られることもあるという。

車両数日本一・広島電鉄の路面電車　街にはお好み焼き店がいっぱい！

鉄道マニアの間では「広島電鉄は日本一の路面電車」と言われているという。広島市勢要覧によると、2017年3月末現在、路面電車の編成数134編成、年間輸送人員3968万人はともに日本一。カープの街らしく、車体にカープのチームロゴやカープ坊や、キャッチフレーズのロゴなどがデザインされたカープ電車が運転される（2019年3月13日〜12月までの予定）。

車内の天井や壁面にはカープの選手や過去の優勝シーンなどが装飾されている。ファンにはたまらない電車だ。1942年製造の「被爆電車」も2両が現役として走っている。

東京でも人気が高い広島風お好み焼き。昭和25年創業という広島市内の老舗は、広島で初めてお好み焼きに麺を入れた店として知られる。ミュージシャンやスポーツ選手が集う有名店もある。そのお好み焼き屋の店舗数だが、人口10万人当たり約58軒で兵庫県や大阪府を上回り堂々のトップ（2014年経済センサス）。そして、お好み焼きと言えばソース。総務省の家計調査（2016年～18年の平均）によると、広島市はソースの年間消費金額1199円、年間消費量2410㎖はともに全国1位だ。

瀬戸内海にある尾道市の生口島と高根島は生産量日本一を誇る「広島レモン」の産地。全国の収穫量8459トンのうち、広島県は5220トンを占める。全国シェアは62・2%だ（2018年産＝農水省・特産果樹生産出荷実績）。大竹市の阿多田島では養殖しているハマチに広島レモンの果汁をエサに混ぜて育てている。魚臭さが少なくなり、ほのかな柑橘風味が特徴。「あたたハマチto（と）レモン」と名付けられている。

広島で忘れていけないのがかき（貝）。年間消費金額2683円、消費量1330gは全国平均の3倍近い（家計調査2016～18年平均）。

山口県

歴代総理大臣輩出数ナンバー1、長州の実力

基本データ

面積	6112km²（全国23位）
位置	北緯33度42分～34度47分
県庁所在地	山口市（19万2246人）
人口	138万3079人（全国27位）
県花	夏みかんの花
県木	アカマツ
県鳥	ナベツル
県魚	ふく

移住希望地域ランキング　14位

おもしろ方言

いかい ……………………………… 大きい

ごんごんちー ………………………… 妖怪、幽霊

ちゃりこい ………………………… すばしこい

つっぺ ……………………………… 引き分け

てれんこぱれんこ … ふらふらする、ぐずぐずする

5連アーチが美しい錦帯橋。江戸時代から伝承される工法で、釘を使わない木組み橋

山口県のくらしの通信簿

項目	数値	評価
マネー（平均年収）	581万5000円	D
仕事（有効求人倍率）	1.61	C
住居（家賃／1ヵ月3.3㎡）	3430円（山口市）	A
教育（待機児童率）	0.15	B
医療（医師偏在指標）	210.3	D
環境（都市公園面積／人口1人当たり）	13.69㎡	B
少子化（子ども人口割合）	11.8	D
総合評価		22

山口県 日本一いろいろ

日本一大きい鍾乳洞・秋芳洞 ………… 総延長10km

秋吉台国定公園日本最大のカルスト台地・秋吉台（美祢市）は1964年に特別天然記念物に指定されている。その南麓にあるのが日本一大きい鍾乳洞・秋芳洞（美祢市）だ。総延長は10kmで東洋屈指の大鍾乳洞。洞口の高さ24m、横巾8mに達し、洞内の最も広いところが200m、天井の高いところが40m、最も高いところは80mに達する。一般観光ルートは約1kmまで。

高齢夫婦のみの世帯割合 ……………… 15.06%

2015年の国勢調査によると、山口県の高齢夫婦のみの世帯割合は日本で最も高い。平均は11.40%。

ふりかけ消費金額（山口市） ………… 2306円

山口市民はふりかけがお好き？　家計調査（2016年～18年平均）によると、山口市のふりかけの年間消費金額が2306円でトップ。全国平均は1624円だから、1.42倍だ。

新山口と津和野を結ぶSL「やまぐち」号。「貴婦人」の愛称で親しまれるC571号機が走る

8人の総理大臣を輩出した山口県は「ふく」の取扱量が世界一

山口県は歴代総理大臣の輩出数が最多。初代・伊藤博文から山縣有朋、桂太郎、寺内正毅、田中義一、岸信介、佐藤栄作、そして安倍晋三と8人を数える。明治維新を推進した長州の実力か。ちなみに94代首相の菅直人元首相は山口県宇部市出身だが、首相官邸のサイトには歴代総理の出身地は戦前は出生地、戦後は選挙区で記載されているため、選挙区が東京の菅は東京都出身の首相となっている。逆に安倍首相は東京生まれの東京育ちだが、選挙区が山口県なので山口県出身。微妙な規定だ。

山口といえば下関のふぐ。もっとも当地では「福」に通じることから、ふぐのことを「ふく」と呼んでいる。ふくの世界一の取引量を誇ると言われるのが下関市の南風泊《はえどまり》市場。日本で唯一のふく専門の卸売市場で、取扱量は全国のシェア8割ともいわれる。山口県のふくの漁獲量は全国5位あたりだが、活魚水槽などの設備の充実、加工業者の集積といったことから全国からふくが集まり、下関が日本一の市場となっている。

日本一長いアーチ型木橋・錦帯橋と日本最大のカルスト台地「秋吉台」

岩国市にある錦帯橋は長さ193・3m（直線距離）で、アーチ型木橋としては日本一長い。

1673（延宝元）年、第三代岩国藩主吉川広嘉により創建されたもので、現在の橋は四代目。錦川の清流に架かる五連のアーチを描いた木橋で、長さ193・3m、幅5m。桁、楔、梁、棟木などを組み合わせた「錦帯橋式アーチ構造」で、世界に例をみない。山口県と岩国市は世界遺産登録を目指して活動中だ。この地の郷土料理「岩国寿司」は、押し寿司風に固められたチラシ寿司で、一度に4升から5升のコメを使い名産のレンコンや瀬戸内の新鮮な魚を入れるのが特色。殿様寿司とも言われ、そのスケールは日本一といってもいいのでは。

萩市にある熊谷美術館。萩藩の藩政の後押しをしていた豪商・熊谷家の歴代当主が収集した美術品など3000点が展示されている。その中に4代目当主がシーボルトから贈られたイギリス製のスクエアピアノがある。これこそ日本最古のピアノなのである。

日本一というわけではないが、山口県のサイトで見つけた面白いエピソードを紹介したい。明治の元勲・井上馨の料理。井上自ら腕を振るう料理はお客が「恐れる」という奇想天外なものだったとか。味噌汁に鮴《ゴリ》、吸物に蘭の花・スッポンの卵など。あるときはクマザサを湯に浸し、柔らかい部分を刻んで一品にしたそうだ。初代・外務大臣を務めた井上の思わぬ一面を伝えているのは「おもしろ山口学」というコーナーだ。

徳島県

阿波踊りだけじゃない。
サテライトオフィス急増で注目！

基本データ

面積	4146㎢（全国36位）
位置	北緯33度32分～34度15分
県庁所在地	徳島市（25万4416人）
人口	75万519人（全国44位）
県の花	すだちの花
県の木	やまもも
県の鳥	しらさぎ

おもしろ方言

あずる …………………………… 手こずる

いんぐりちんぐり ……………… 不揃いな

たっすい ……………………… 馬鹿らしい

へらこい ……………………… ずる賢い

やりこい ……………………… 柔らかい

潮の干満差などから生まれる鳴門の渦潮。直径30mにも達し、その大きさは世界一とも

徳島県のくらしの通信簿

項目	数値	評価
マネー（平均年収）	607万4000円	C
仕事（有効求人倍率）	1.54	C
住居（家賃／1ヵ月3.3㎡）	3951円（徳島市）	A
教育（待機児童率）	0.44	B
医療（医師偏在指標）	265.9	B
環境（都市公園面積／人口1人当たり）	7.19㎡	D
少子化（子ども人口割合）	11.3	D
総合評価		23

徳島県 日本一いろいろ

LED出荷金額 …………………………… 2444億3800万円（シェア70.5%）

青色LEDの製品化に世界で初めて成功した徳島県。県内には100社以上の関連企業が集積。LED出荷金額比率は70.5%で全国1位（2018年工業統計調査）。県はLEDバレイ構想行動計画を推進中だ。

藍の生産量 …………………………… 53.2トン

東京五輪の公式エンブレムに採用された藍色。徳島県は藍発祥の地。徳島県の藍の収穫量は53.2トン（平成24年度）で全国シェアは54%（農水省地域作物課調べ）。藍染めの原料となる「すくも」の生産量は減少が続いていたが、平成26年度から増加に転じ、27年度は49トンとなっている。

地鶏・銘柄鶏出荷羽数 ……………… 阿波尾鶏207万羽

（独）家畜改良センター兵庫牧場がまとめた2017年度実績。研究開発を経て平成2年から販売された阿波尾鶏は、低脂肪で豊富な旨み成分が特徴。

官民協働のプロモーション活動とブロードバンド推進でサテライトオフィスが急増！

東日本大震災以降、地方にサテライトオフィスを開設する動きが進んでいるが、徳島県の人気ぶりは半端じゃない。２０１２（平成24）年、県、関係市町村、地元ＮＰＯ法人、参加企業などで構成する官民協働の「徳島サテライトオフィス・プロモーション」が設置され、受け入れ態勢を整えてきた。その結果、現在では60社以上が進出した。その背景には徳島県内には中山間地域も含めた全域に地方公共団体の光ファイバー網が張り巡らされ、延長距離は実に20万㎞超。24すべての市町村でＣＡＴＶサービスが提供されている。まさに全国屈指のブロードバンド王国となっているのだ。しかも豊かな大自然がある。そんな好環境がサテライトオフィス急増をもたらしている。

驚くなかれ、徳島県のＣＡＴＶ普及率（自主放送あり）はなんと90・０％。全国平均の52・２％をはるかに凌駕して、堂々の日本一である（総務省調べ＝２０１９年３月末現在）。

４年連続「社長輩出率日本一」のすごさ

東京商工リサーチが２０１８年９月に発表した２０１７年の都道府県別の社長輩出率調査で、徳島県が４年連続でトップとなった。輩出率は１・４０％で前年の１・３６％を上回った。２位は山形県の1・28％。同社は徳島県の強みについて、堅実・実利を尊ぶ県民性のほか、ブロードバンド環境の整備を指摘している。もっとも、輩出率の高いのは人口減少が続く地方が軒並み上位のため、「比率算出式の分母である県内人口が年々減少し、相対的に輩出率が高止まりしている」という側面も指摘している。

徳島を代表する農産物に「なると金時」がある。鳴門市、川内町、松茂町などで栽培され、出荷地のブランド名が付けられている。海のミネラルをたっぷり含んだなると金時はホクホクとした食感と糖度が高めなのが特徴。そんな土地だけにさつまいもの消費は全国一だ。消費金額1978円、消費量4267円は全国平均を大きく上回る（家計調査2016～18年平均）。

ベートーヴェンの「交響曲第九番」アジア初演

1917年から1920年にかけて鳴門市大麻町（当時の坂東町）に第一次世界大戦で日本軍の捕虜となったドイツ兵を収容する「坂東《ばんどう》俘虜《ふりょ》収容所《しゅうようじょ》」があった。所長の松江豊寿は捕虜の人権を尊重する運営を行い、自主的な生活を認めていた。音楽活動も盛んで、ドイツ兵の捕虜たちがアジアで初めて「第九」をコンサートで全楽章演奏した。1918年6月1日のことだった。

香川県

面積最小・「うどん県」の驚くべき実力

基本データ

面積	1876㎢（全国47位）
位置	北緯34度00分～34度33分
県庁所在地	高松市（42万8296人）
人口	98万7336人（全国39位）
県花・県木	オリーブ
県民鳥	ホトトギス
県民魚	ハマチ
県民獣	シカ

移住希望地域ランキング　17位

おもしろ方言

うたてげ …………………………… 気の毒な

おことい ………………………………… 忙しい

おとっちゃま ……………………………… 臆病者

じょんならん ………………………… 手に負えない

まんでがん ………………………………… 全部

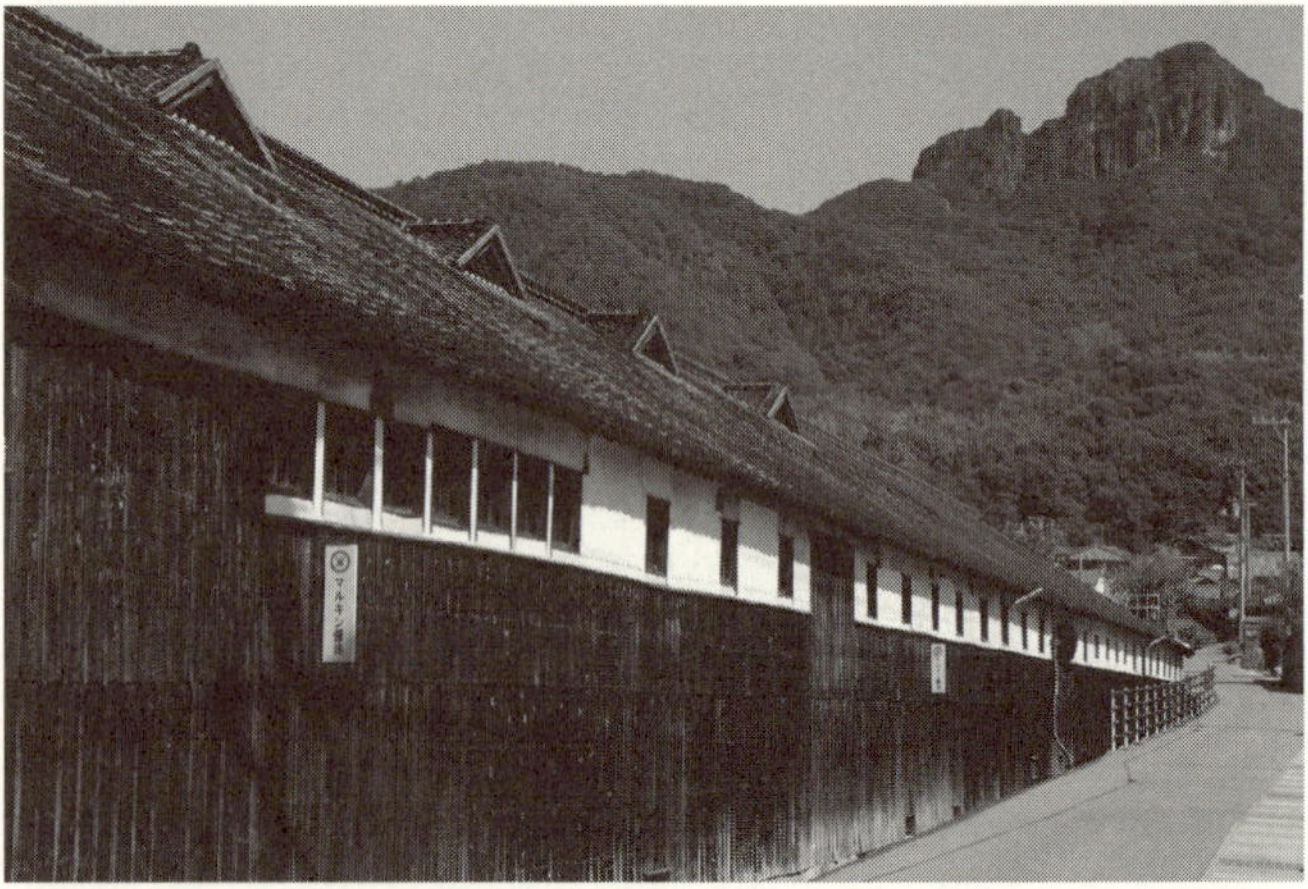

小豆島の醤の郷（ひしおのさと）。明治時代に建てられた醤油・佃煮工場が軒を連ねる

香川県のくらしの通信簿

項目	数値	評価
マネー（平均年収）	605万4000円	C
仕事（有効求人倍率）	1.83	B
住居（家賃／1ヵ月3.3㎡）	4040円（高松市）	B
教育（待機児童率）	0.97	C
医療（医師偏在指標）	247.8	C
環境（都市公園面積／人口1人当たり）	16.46㎡	A
少子化（子ども人口割合）	12.3	C
総合評価		25

香川県 日本一いろいろ

「うちわ、扇子」の出荷額 ……………… 27億7300万円

金毘羅宮参拝客の土産物として丸亀市などで作られてきた「うちわ」は、国の伝統工芸品に指定されている。出荷額は日本一で、全国シェアの50.3%を占める（2018年工業統計調査）。

マーガレットの出荷量 ………………… 234万5000本

三豊市を主産地とするマーガレットの出荷量は234万5000本で全国1位（平成27年香川県農政水産部調べ）。マーガレットは花びらが落ちないことから、受験生に贈るとご利益があるという。

日本最大のため池 ……………………… 周囲約20㎞、貯水量1540万㌧

香川県仲多度郡まんのう町にある満濃池は、灌漑用のため池としては日本最大。1300年もの歴史があり、空海が改修したことでも知られる。満濃太郎とも呼ばれる。

映画『ぼくとママの黄色い自転車』『瀬戸内海賊物語』のロケ地にもなった小豆島のエンジェルロード（天使の散歩道）

「うどん日本一」がいっぱい！　小豆島のオリーブの歴史は100年超

香川県が「うどん県」をPRし始めたのは2011年のこと。自称するだけあり、うどん関連の日本一が目に付く。まずは、人口1万人当たり「そば・うどん店」の事業所数5・60店。山梨県の4・47店、群馬県の4・32店を引き離して断トツだ（2016年経済センサス）。全国平均は2・30店だから約2・4倍の店があることになる。市町別でみると、琴平町が14・5店でトップ。

高松市の1世帯当たりの「生うどん・そば」の年間消費額は7080円、「日本そば・うどん」（外食）の年間消費金額は1万3152円で、いずれも全国1位（家計調査2016年〜18年平均）。香川県民のうどん好きを証明するデータである。

『二十四の瞳』の舞台として知られる小豆島は「オリーブの島」の愛称を持つ。1907年、100年以上も前に、オリーブの苗木が植えられ、今ではオリーブオイルの国際コンテストでも入賞するほどの高い評価を受けるまでになった。オリーブはオイルだけでなくドレッシング、化粧品、動物の飼料など幅広く利用されている。そのオリーブの生産量（香川県全体）は380・1トンで、全国シェアの95・8％を占めている（平成28年産の特産果樹生産動態等調査＝農水省）。

スポーツ用革手袋の出荷額は全国シェアなんと88％　うちわもシェアトップ

香川県の東の端にあり徳島県鳴門市と接している東かがわ市のゆるキャラは「てぶくろ君」。同市のヒーローは「てぶくろマン」だ。明治時代から手袋製造が盛んで、今では国内の手袋産業の一大拠点となっている。ゴルフや野球の有名選手も香川産の手袋を愛用しているという。合成皮革製を含むスポーツ用革手袋の香川県の出荷額は33億3200万円で、全国シェアの88・4％を占め断トツだ（2018年工業統計調査省）。

金毘羅宮参拝客の土産物として丸亀市などで作られてきた「うちわ」は、国の伝統工芸品に指定されている。「うちわ・扇子」の出荷額は27億7300万円で全国シェアの50・3％を占めトップ（2018年工業統計調査）。

空海由来のため池もある。香川県仲多度郡まんのう町にある満濃池《まんのういけ》は、灌漑用のため池としては日本最大。1300年もの歴史があり、空海（弘法大師）が改修したことでも知られる。周囲約20㎞、貯水量1540万トンで満濃太郎とも呼ばれる。『今昔物語集』には、この池に棲む龍神様が天狗にさらわれたという話がある。

愛媛県

坊ちゃん・道後温泉と柑橘類

基本データ

面積	5676㎢（全国26位）
位置	北緯32度53分～34度18分
県庁所在地	松山市（51万3227人）
人口	138万1761人（全国28位）
県の花	みかんの花
県の木	まつ
県の鳥	コマドリ
県の魚	マダイ
県の獣	ニホンカワウソ

移住希望地域ランキング　16位

おもしろ方言

あらやけ…………………………… 食器洗い

えんこ……………………………………… 河童

がいな………………………… 強い、乱暴な

むつこい………………脂っぽい、味がしつこい

やねこい……………………… 面倒、気難しい

日本三古湯の一つといわれる道後温泉。夏目漱石の小説『坊ちゃん』にも描かれている

愛媛県のくらしの通信簿

項目	数値	評価
マネー（平均年収）	555万2000円	D
仕事（有効求人倍率）	1.63	C
住居（家賃／1ヵ月3.3㎡）	3478円（松山市）	A
教育（待機児童率）	0.40	B
医療（医師偏在指標）	231.0	C
環境（都市公園面積／人口1人当たり）	11.11㎡	B
少子化（子ども人口割合）	12.0	C
総合評価		24

愛媛県 日本一いろいろ

障子紙・書道用紙の出荷額 ………… 42億6700万円
（2018年工業統計調査）

愛媛県は江戸時代から和紙の産地として有名だった。現在、四国中央市を中心に製紙企業が集積している

養殖まだい ……………………………… 3万3300トン（シェア55.6%）

黒潮が流れ込む宇和海の豊かな漁場で育ち水揚げされた養殖まだいは「愛鯛」のブランドで知られる。愛媛県の養殖まだい収穫量は3万3300トン（2018年＝海面漁業生産統計調査・農水省）で全国トップだ。

日本最長の無料トンネル …………… 5432m

国道194号の愛媛県西条市と高知県いの町の間にある寒風山の下を貫く寒風山トンネルは四国最長のトンネルで、一般道の無料トンネルとしては日本一の長さ。

四国はもちろん西日本で最高峰となる石鎚山（1982m）。山岳信仰（修験道）の山として知られる

日本最古の温泉・道後温泉と世界最大の三連吊り橋・来島海峡大橋

松山市にある道後温泉はシラサギによって発見されたと伝えられている。古事記や万葉集にも記されている日本最古の温泉と言われ、およそ3000年の歴史を誇る。596（法興6）年には聖徳太子が来浴したという。泉質はアルカリ性単純泉。本館の天井から吊り下げられた太鼓は刻太鼓として1日3回打ち鳴らされ、この音は「残したい日本の音風景100選」に選定されている。松山市のサイトによると、道後温泉の年間の入浴客数は約110万3000人。松山市駅からは坊ちゃん列車が運行している。

しまなみ海道（西瀬戸自動車道）に架かる来島海峡《くるしまかいきょう》大橋は、世界初の三連吊り橋で全長は4105m。1999年に完成した。広島県の尾道市と愛媛県の今治市を結ぶしまなみ海道はサイクリングのメッカ。乗り捨て自由のレンタサイクルの充実、自転車通行料無料（期間限定）ということもあり、サイクリストに大人気。2018年には国際サイクリング大会「サイクリングしまなみ2018」が開催され、47都道府県、26ヵ国・地域から約7200人が参加。経済効果は9億3298万円に上ったという。

タオルの聖地・今治　120年の歴史とジャパン・クオリティ

国内はもちろん、今や世界の人々にも愛される今治タオル。平成19年には地域団体商標を登録している。今治のタオル生産は1894（明治27）年から始まったというから120年超の歴史を刻み続けてきた。今治タオルの品質基準で有名なのが「5秒ルール」。タオル片が水中に沈み始めるまでの時間が5秒以内とのルールがあるのだ。それだけ吸水性に優れているということである。愛媛県のタオル出荷額は約310億円で全国1位（2018年工業統計調査）。大阪の泉州タオルと並ぶジャパン・クオリティだ。

愛媛県は柑橘類の宝庫。いよかん 2万9689トン、ポンカン 9376トン、ナツミ 377トン、せとか 3352トンなどが全国1位の生産量（2016年 農水省調査）を誇る。

海の幸では養殖まだい。黒潮が流れ込む宇和海の豊かな漁場で育ち水揚げされた養殖まだいは「愛鯛」のブランドで知られる。愛媛県の養殖まだい収穫量は3万3000トン（2018年＝海面漁業生産統計調査・農水省）で全国トップだ。

今治市の野間馬ハイランドでは体長110㎝〜120㎝の小型の日本在来馬の中で最も小さな「野間馬」が飼育されている。昭和63年には今治市の指定文化財に指定された。

高知県

坂本龍馬を輩出した南国土佐は「酒」と「かつお」と「よさこい」

基本データ

面積	7103㎢（全国18位）
位置	北緯32度42分〜33度53分
県庁所在地	高知市（33万167人）
人口	71万7480人（全国45位）
県の花	ヤマモモ
県の木	ヤナセスギ
県の鳥	ヤイロチョウ
県の魚	カツオ

移住希望地域ランキング　13位

おもしろ方言

いごっそー……………………… 頑固、意固地
く…………………………………… 所、転じて家
ごじゃんせ……………………ひどく、徹底的に
とぎ……………………………… 道連れ、仲間
めった……………………………しまった

太平洋に面した桂浜海岸には、坂本龍馬の銅像がある。「桂浜水族館」も個性的で人気

高知県のくらしの通信簿

項目	数値	評価
マネー（平均年収）	552万7000円	D
仕事（有効求人倍率）	1.33	D
住居（家賃／1ヵ月3.3㎡）	3810円（高知市）	A
教育（待機児童率）	0.17	B
医療（医師偏在指標）	254.3	B
環境（都市公園面積／人口1人当たり）	9.59㎡	C
少子化（子ども人口割合）	11.2	D
総合評価		22

高知県 日本一いろいろ

かつおの消費金額／消費量（高知市）……………………… 7771円／3930g

総務省の家計調査（2016〜18年平均）によると、高知市のかつおの年間消費金額・消費量は断トツ。全国平均の1475円・864gを大きく上回る。

おもてなし課

高知県庁には全国で唯一の「おもてなし課」がある。観光客をおもてなしの心で迎える県民運動の推進に関すること、観光地の美化に関することなどが業務内容。2013年には高知県出身の作家・有川浩さんの人気小説『県庁おもてなし課』を原作とした映画が公開された。

森林率 ……………………………………… 84%

高知というと黒潮の太平洋のイメージだが、実は森林率（県土に占める森林面積の割合）が84%で全国トップである（林野庁調査＝2017年3月31日現在）。馬路村のヤナセスギを代表に嶺北地方のスギや四万十川流域のヒノキなど林業が盛んだ。

中学校教育費（生徒1人当たり）…… 159万8648円（2015年）

全国平均は108万6126円（統計でみる都道府県のすがた2019）

高知人はとにかくお酒が大好き！　医療関係施設が充実

土佐といえば酒なくして語れない。国税庁の酒類販売（消費）数量の都道府県別データ（2016年度）によると、成人1人当たりの数量は97・9ℓで東京都に次いで2位。家計調査（2016年～18年平均）の高知市の酒類消費金額は年間4万6506円で10位（全国平均は4万738円）。いずれのデータを見ても高知県人が酒好きであることがうかがえる。驚くべきデータは他にもあった。家計調査に外食の飲酒代という項目がある。高知市は年間3万9515円で2位の東京都区部（2万7039円）を1万円以上も引き離して断トツである（前出の家計調査）。全国平均は1万8097円だから2倍以上。酒量だけでなく、「皿鉢料理」、「おきゃく」、「箸拳」など南国土佐の酒文化は日本一だ。

高知県の医療環境の充実には目を見張るものがある。まずは人口10万人当たりの一般病院数は16・5（全国平均5・8）でトップ。一般病院病床数（人口10万人当たり）は2265・5床（全国平均は1032・9床）で2位の鹿児島県（1632・6床）を大きく引き離して断トツ（同調査）。医療施設に従事する医師数（人口10万人当たり）は306・0人（全国平均は240・1人）で徳島県、京都府に次いで3位。医療施設に従事する看護師・准看護師数（人口10万人当たり）は1574・8人でトップ（データはいずれも2016年度＝統計でみる都道府県のすが

た２０１９)。新たに厚労省が発表した「医師偏在指標」でも高知県は12位と上位につけている。医療関係の充実度はピカイチだ。

「よさこい」の総本家　ひろめ市場の藁焼きカツオたたき

高知の夏といえば、よさこい祭り。毎年8月9日から12日まで4日間にわたり、高知市内の９ヵ所の競演場、７ヵ所の演舞場で全国から集まった約２００チーム、約１万８０００人の鳴子を持った踊り子たちが舞う南国土佐のカーニバルだ。戦後復興の足掛かりになる祭りをと、高知商工会議所の有志が企画し、県や市の賛同を受け、１９５４(昭和29)年に第１回目が開催された。

１９７２年の大阪万博では「日本の祭り10選」の一つに選ばれ、会場で披露。60年以上の歴史を持つ日本有数の夏祭りとなり、今では札幌の「ＹＯＳＡＫＯＩソーラン祭り」をはじめ日本各地でよさこい祭りが開催されている。高知の「よさこい」は本家本元である。

高知で忘れてならないのがかつお。総務省の家計調査(２０１６年~18年平均)によると、高知市の年間消費金額は７７７１円(全国平均１４７５円)、消費量は３９３０ｇ(全国平均８６４ｇ)でともに断トツ。ひろめ市場の藁焼きのカツオたたきの味が忘れられない。

福岡県

日本のホットスポット・
アジアゲートウェイの玄関口

基本データ

面積	4986㎢（全国29位）
位置	北緯33度00分～34度15分
県庁所在地	福岡市（154万923人）
人口	513万1305人（全国9位）
県の花	うめ
県の木	つつじ
県の鳥	うぐいす

移住希望地域ランキング　7位

おもしろ方言

えずか……………………………………… 怖い
こーかる………………………… 自慢して威張る
すいとー……………………………………… 好きだ
すらごと……………………………………… うそ
とぜなか………………………… 退屈だ、寂しい

巨大クルーズ船が入港する博多港。2015年にはクルーズ船の寄港回数が日本一となった

福岡県のくらしの通信簿

項目	数値	評価
マネー（平均年収）	567万6000円	D
仕事（有効求人倍率）	1.59	C
住居（家賃／1ヵ月3.3㎡）	4191円（福岡市）	B
教育（待機児童率）	0.98	C
医療（医師偏在指標）	300.5	A
環境（都市公園面積／人口1人当たり）	9.00㎡	C
少子化（子ども人口割合）	13.2	B
総合評価		24

福岡県 日本一いろいろ

魚料理店数（10万人当たり）………… 22.1店

玄界灘に面した福岡市には魚料理の店が多い。全国21大都市で見た魚料理店数は、1位が東京都区部の996店。福岡市は340店で2位だが、人口10万人当たりでは22.1で堂々のトップ。2位は静岡市の21.1。東京都区部は10.7で10位だ（福岡市の調査＝2018年）

映画館の数（100万人当たり）………… 33.9（2016年）

福岡県内には常設映画館が多い。人口100万人当たりの常設映画館数は33.9で全国1位。2位は熊本県の31.6。全国平均は11.4（統計でみる都道府県のすがた2019）。

方言がかわいい ………………………… 65.0%

ソニー生命の47都道府県別生活意識調査2018-2019年版の「方言ランキング」で、「出身県の方言がカワイイと思う」という質問に福岡県出身者の65.0%が「はい」と回答。長崎県の55.0%を上回って全国1位。郷土愛のあらわれか。

歴史的な雰囲気が漂う門司港。保存修復工事を経て、大正時代の姿に甦った門司港駅

政令指定都市で人口増加ナンバー1の福岡市　博多港はクルーズ船寄港トップ

全国に政令指定都市は20あるが、その中で人口増加トップとなっているのが福岡市。2015年の国勢調査によると、2010年から15年までの5年間の福岡市の人口増加数は7万4938人で、2位川崎市の4万9701人を大きく上回り1位となった。増加率5・12％もトップだ。

注目は人口に占める若者の割合。10代・20代が全人口に占める割合がなんと22・05％で、仙台市や京都市を抑えて1位になった（2015年国勢調査）。九州大学、西南学院大学、福岡大学など市内に大学が多いことに加え、企業誘致軒数が4年連続で50社を超えるなど、若者が働く環境が整備されている点も大きい。

こうした状況を反映したのが、野村総合研究所が2017年7月に発表した「成長可能性都市ランキング」。福岡市は「総合ランキング」で東京都特別区部に次いで2位、「ポテンシャルランキング」では堂々の1位に輝いた。

国土交通省の発表によると、2018年のクルーズ客船寄港数は、博多港が279回でトップ。2位は那覇港の243回、3位は長崎港の220回だった（速報値）。博多港は2015年から4年連続で1位の座を死守している。また外国航路乗降人員でみても、博多港は209万345

人（2017年＝国交省・港湾統計）でトップ。一方、福岡空港の旅客数は国内線、国際線合わせて2484万5458人（2018年度＝国交省・空港管理状況調書）で、羽田、成田、関西に続く第4位。福岡はいま、「アジアのゲートウェイ」としての存在感が確実に高まっている。

消費金額断トツのたらこ　そして〝かわいい〟方言

福岡の食卓、お土産の定番は何といっても明太子。家計調査（2016年～18年平均）によると、福岡市はたらこの消費金額が年間6527円でぶっちぎりのトップ。2位は北九州市の5366円、全国平均は2223円。消費量も1555gで青森市の1529gを抑えてトップだ。こちらの全国平均は689g。福岡市内には明太子店が50以上もあるという。

「方言がかわいいと思う」というユニークな調査結果がある。ソニー生命の47都道府県別 生活意識調査2018～2019年版の「方言ランキング」で、「出身県の方言がカワイイと思う」という質問に福岡県出身者の65・0%が「はい」と回答。長崎県の55・0%を上回って全国1位。郷土愛のあらわれか。

映画館の数が多いのも福岡県の特徴だ。人口100万人当たりの常設映画館数は33・9で全国1位。全国平均は11・4だから約3倍だ。

佐賀県

有明海と佐賀のり、
有田焼・伊万里焼、そして大隈重信

基本データ

面積	2440㎢（全国42位）
位置	北緯32度57分～33度37分
県庁所在地	佐賀市（23万3418人）
人口	82万8781人（全国42位）
県花	クスの花
県木	クス
県鳥	カササギ

移住希望地域ランキング　10位

おもしろ方言

うーばんぎゃーか …………　大雑把、おおらか
うーいってんぎゃー ………………　あたり一面
がばい ………………………………　ものすごい
ぞーたんのごと …………………　冗談じゃない
ふーけもん ……………………………　馬鹿者

佐賀県太良町の海に浮かぶ海中鳥居。引き潮時にはいちばん沖の鳥居まで歩ける

佐賀県のくらしの通信簿

項目	数値	評価
マネー（平均年収）	588万6000円	D
仕事（有効求人倍率）	1.32	D
住居（家賃／1ヵ月3.3㎡）	3546円（佐賀市）	A
教育（待機児童率）	0.10	A
医療（医師偏在指標）	251.3	B
環境（都市公園面積／人口1人当たり）	10.13㎡	C
少子化（子ども人口割合）	13.6	B
総合評価		25

佐賀県 日本一いろいろ

平均初婚年齢 ………………………… **妻28.6歳 1位**
夫29.9歳 2位

男女ともに初婚年齢が早い。妻は福島県と並んでトップ。夫は宮崎県29.8歳に次いで2位。妻の平均は29.4歳、夫の平均は31.1歳（人口動態統計＝2017年）

羊羹消費金額（佐賀市） ………………… **1367円**

家計調査（2016年～18年平均）によると、佐賀市の羊羹消費金額は年間1367円で全国1位。全国平均は706円。

軽自動車の普及率（100世帯当たり） …… **1.03台**
（全国軽自動車協会連合会＝2017年）

佐賀県の保有台数は33万8629台。一世帯当たり1.03台だ。2018年は“ライバル”鳥取県にトップの座を譲った。

耕地利用率
（作付延べ面積／耕地面積） ………… **131.1%**
（作物統計調査＝2017年）

二条大麦収穫量 ………………………… **3万4400トン**
（作物統計調査＝2018年）

有明海　驚異の干満差6mの世界に住む珍しい魚たちと海苔収穫量トップ

干満差日本一の有明海。佐賀県、福岡県、長崎県、熊本県の4県に囲まれた面積約1700㎢、平均水深20mの九州最大の海である。深奥部の住之江（佐賀県白石町）ではこれまでに6・8mもの干満差を示したことがあるという。干潮時には巨大な干潟が姿をあらわす。干満の差が激しいこの海には、ムツゴロウ、ワラスボ、エツなど他の海域では見られない珍しい魚たちが棲息している。

有明海の干満差は海苔の養殖には最高の環境。海中に設置されている海苔網が水面に沈んだり浮かんだりすることで高品質の海苔が育つ。干潮時に太陽の光を直接浴びることで、光合成が進み旨味が凝縮するからだという。流れ込む河川が多く、湾内の塩分濃度が程よくなることも生育環境にいいという。佐賀県の海苔の収穫量は6万6964トンで全国シェアは22%で日本一である（平成29年漁業・養殖業生産統計）。地域団体商標は「佐賀のり」。

教育現場で進む驚愕のIT化と日本最初の磁器・有田焼

佐賀県のサイトに「佐賀県の全国ベストテン」（2019年度版）というコーナーがある。その中の教育関連を見て驚いた。「コンピューターの設置状況及びインターネットの接続状況」の項目で、1学校当たりの電子黒板の整備台数、指導者用デジタル教科書の整備率、学校CIOの設置状況など小学校から高校に至るまでさまざまなIT関連の項目が全国1位となっているのだ。佐賀県では高度情報化社会に対応した教育の実現に向けて平成23年度から全県規模でICT利活用教育を導入。教育現場でさまざまな実証研究を重ねている。さすが、早稲田大学の創設者・大隈重信を輩出した土地。教育にかける熱意はスゴイ！

佐賀といえば有田焼。有田焼のはじまりは豊臣秀吉の朝鮮出兵で、日本に連れてこられた陶工たちが有田で日本初の磁器製造に成功した。1616年のことと言われているから400年の歴史を刻んできたわけだ。江戸時代には伊万里港から磁器を船で積み出していたことから「伊万里焼」と呼ばれていたそうだ。現在は、有田地区で生産されたものを「有田焼」、伊万里地区で生産されたものを「伊万里焼」と呼んでいる。陶磁器製装置物の出荷額は20億2000万円で1位、シェアは36％（2018年工業統計調査）。

羊羹が大好きな土地柄でもある。家計調査（2016年〜18年平均）によると、佐賀市の羊羹消費金額は年間1367円で全国1位。全国平均は706円。有名なのは小城羊羹。人口4万3000人余りの小城市には20軒以上の羊羹屋が集中している。明治時代から羊羹づくりが始まったとされ、日清戦争の時には戦地に送られる食糧の中で唯一、風味を失わなかったことで、全国的に有名になったそうだ。2007年に地域団体商標に登録された。

長崎県

「かぼちゃ」「じゃがいも」「ラクダ」など
長崎は事始めの宝庫

基本データ

面積	4130㎢（全国37位）
位置	北緯31度59分〜34度43分
県庁所在地	長崎市（42万1799人）
人口	136万5391人（全国29位）
県の花	雲仙ツツジ
県の花木	ツバキ
県の林木	ヒノキ
県民鳥	オシドリ
県民獣	九州シカ

移住希望地域ランキング　20位

おもしろ方言

いが……………………………………… 赤ん坊
おめく………………………………………… 叫ぶ
さるく………………………………………… 歩く
とーはっしぇん ……………………………… 南京豆
ひけしか……………………………………… 臆病

明治から昭和にかけて炭鉱によって栄えた軍艦島。上陸クルーズが可能になっている

長崎県のくらしの通信簿

項目	数値	評価
マネー（平均年収）	551万5000円	D
仕事（有効求人倍率）	1.22	E
住居（家賃／1ヵ月3.3㎡）	5575円（長崎市）	D
教育（待機児童率）	0.18	B
医療（医師偏在指標）	259.4	B
環境（都市公園面積／人口1人当たり）	10.40㎡	C
少子化（子ども人口割合）	12.7	C
総合評価		19

長崎県 日本一いろいろ

世界一のペンギン飼育種 …………… 9種類

長崎ペンギン水族館には、キングペンギンからコガタペンギンまで、世界にいる18種類のうち9種類のペンギンが飼育されている。これは日本一どころか世界一だ。

あじの年間消費金額／消費量（長崎市） …………………………… 3440円／3206ｇ

あじ（鯵）類の収穫量6万2135トンは全国1位。シェアは38%（2017年海面漁業生産統計調査＝農水省）。家計調査（2016年～18年平均）では、長崎市のあじの年間消費金額は3440円（全国平均1273円）、消費量は3206ｇ（同1090ｇ）で、こちらも全国トップだ。

釣りの行動者率 ………………………… 12.8%

総務省の2016年社会生活基本調査によると、長崎県の釣り行動者率は12.8%で全国トップ。全国平均は8.7%。豊かな海に恵まれているからだろうか。

鎖国時代、西洋への唯一の窓口だった長崎には「事始め」がいっぱい！

江戸幕府がとった鎖国政策は1639（寛永16）年から1853（嘉永6）年のペリー来航まで続いた。その間、オランダ、中国との貿易の窓口は長崎に限られていた。出島のオランダ商館は近代西洋文明の窓口の役割を果たした、というのは歴史の教科書にも出てくる事実。そんな長崎には、「日本初」が山ほどある。身近な植物、食物では、イチジク、インゲン、カボチャ、じゃがいも、スイカ、タマネギ、とうもろこし、トマトなど。

たばこもそのひとつ。鎖国直前の1601（慶長6）年、平戸に入港したフランシスコ派修道士によってもたらされたと言われている（伝来先については諸説あり）。ビール、コーヒーも平戸、出島に持ち込まれたのが初。カステラは元亀年間（1570年～73年）の終わりから天正年間（1573年～92年）にかけてポルトガル人によって伝えられた。

江戸末期から明治期にかけて長崎から生まれたものも数多くある。汽車は1865（慶応元）年、トーマス・B・グラバーが大浦海岸に鉄道を敷設し、英国製蒸気機関車に客車2両を引かせて走らせたのが始まり。アスファルト道路はグラバー園内のリンガー邸前の林の中のアプローチが最初。グラバーの息子・倉場富三郎が造らせた。ヨットは、イギリス人の船大工J・ミッチェルの造船所で建造された。バドミントンは出島和蘭商館跡地に発祥の記念碑がある。パブリック

ゴルフ場は、1913（大正2）年に完成した雲仙ゴルフ場（9ホール）が日本初。

長崎県は海と島の県　世界一のペンギン水族館も

日本は島国。本州や北海道も含めた島の総数は6852。そのうち長崎県には971もの島がある（海上保安庁調べ）。面積順にみると対馬島、五島列島、壱岐島、平戸諸島など。長崎県の有人離島面積（51島）の合計は1550㎢で全国の離島全体（254島＝5206㎢）の29・79%を占める。2018年には「長崎と天草地方の潜伏キリシタン関連遺産」が世界文化遺産に登録された。12の構成遺産の中には長崎の島にある遺産も含まれている。

長崎市にある長崎ペンギン水族館には、キングペンギン、ヒゲペンギン、マカロニペンギン、フンボルトペンギン、ケープペンギンなど、世界にいる18種類のうち9種類のペンギンが飼育、展示されている。これは日本一どころか世界一だ。

動物話をもう一つ。ラクダが初めて日本に来たのも長崎だった。1821（文政4）年のことである。大阪商人の手によって全国を見世物興行したという。当時の様子を描いた長崎絵「らくだ」が東京の「たばこと塩の博物館」に所蔵されている。

熊本県

人気ゆるキャラ・くまモンと女子プロゴルファー

基本データ

面積	7409㎢（全国15位）
位置	北緯32度05分～33度11分
県庁所在地	熊本市（73万4105人）
人口	178万79人（全国23位）
県花	リンドウ
県木	クスノキ
県鳥	ヒバリ
県魚	クルマエビ

おもしろ方言

あたじゃ……急に、突然
いひゅーもん……風変わりな人
せからしか……うるさい
ねずむ……つねる
ばさろ……たいへん、たくさん

2016年の熊本地震で被害を受けた熊本城。修復が進み、19年10月から特別公開を予定する

熊本県のくらしの通信簿

項目	数値	評価
マネー（平均年収）	589万6000円	D
仕事（有効求人倍率）	1.61	C
住居（家賃／1ヵ月3.3㎡）	3873円（熊本市）	A
教育（待機児童率）	0.31	B
医療（医師偏在指標）	248.5	C
環境（都市公園面積／人口1人当たり）	8.04㎡	D
少子化（子ども人口割合）	13.4	B
総合評価		23

熊本県 日本一いろいろ

馬肉生産量 ……………………………… 1576.9トン（2018年）

熊本と言えば馬肉王国。農水省の畜産物流通調査によると、都道府県別枝肉生産量の馬は、全国で3850.2トン。そのうち熊本県は1576.9トンと約41％を占め、断トツだ。

日本一長い石段 ……………………… 3333段

下益城郡美里町にある釈迦院御坂遊歩道は全国一の石段だ。毎年11月には、この石段を登る「アタック・ザ・日本一」というイベントも開催される。

スイカ消費金額、消費量（熊本市） ……………………… 2490円／5899g

消費金額は全国平均1362円の1.8倍。消費量は1.6倍（家計調査2016～18年平均）

スイカの収穫量・出荷額 ……………… 4万6900トン／4万4400トン（作物統計＝2018年度）

熊本はスイカの名産地で「植木のスイカ」は日本一のブランドと言われている。

「くまモン」の売り上げ累計6600億円、女子ゴルファーも多数輩出

2011年の「ゆるキャラグランプリ」で1位になったくまモンは、今や熊本が誇るスーパースター。2013年に日銀熊本支店がくまモンの経済効果（2011年11月〜2013年10月）が1244億円と発表して話題になったが、くまモンパワーはその後も衰え知らず。くまモンを利用した商品の2018年の売り上げは、国内外で少なくとも1505億円に達したと県が発表した。調査開始から7年連続で最高を更新し、累計はなんと6600億円を突破したというからスゴイ。熊本地震後の復興でも被災地を訪問するなど大きな貢献をした。

熊本地震で大きな被害を受けた熊本城は修復の真っ最中。修復に向けて2019年8月現在、総額約530億円を超す寄付金が集まった。

熊本出身の女子プロゴルファーの活躍がめざましい。不動裕理、上田桃子、有村智恵、笠りつ子、一ノ瀬優希、引退した古閑美保など数多くのプロを輩出している。その強さの秘訣の一つが、熊本出身の元プロゴルファー、坂田信弘氏が運営する「坂田塾」。古閑、上田、笠は同塾の出身者だ。宮崎出身だが高校時代を熊本で送った大山志保は、2016年のフジサンケイレディスクラシックの優勝賞金1440万円を熊本地震義援金に寄付した。人情も厚い。

栽培面積、販売代金トップの葉たばこ　全国屈指の馬肉王国

今では喫煙者が少数派になった日本だが、かつては喫煙者率が8割なんて時代もあった。葉たばこは全国30県以上で栽培されているが、2019年産の栽培面積日本一は熊本県で994・1ha。全国の合計6601haの約15%を占める。熊本県の年間の販売代金（2018年産）は53億2000万円で、沖縄県の39億8200万円、青森県の36億7200万円を上回り全国1位だ（全国たばこ耕作組合中央会）。喫煙規制がどんどん強化され、厳しい環境が続くが、熊本では30代の若手農家も頑張っている。

熊本といえば馬肉王国。農水省の畜産物流通調査によると、都道府県別枝肉生産量の馬は、全国で3850・2トン。そのうち熊本県は1576・9トンと約41%を占め、断トツだ。

話はガラッと変わるが、夜の街の情報を。40年以上の歴史を持つ熊本市内の会員制某有名ソープランドは〝熊本流〟と呼ばれる最高級のおもてなしと究極の癒しがセールスポイント。当日の予約しか受け付けず、遠方から飛行機で駆けつけるファンもいるそうだ。警察庁などの調べによると、全国にソープランド等は1222軒ある（2018年）。熊本県には90軒。成人10万人当たりの軒数では全国トップクラス。そんな中で、その超有名店は日本三大ソープの一つだと言われている。

大分県

PR上手な「おんせん県」はグルメの宝庫でもある

基本データ

面積	6340km²（全国22位）
位置	北緯32度42分～33度44分
県庁所在地	大分市（47万9097人）
人口	116万218人（全国33位）
県の花	豊後梅
県の木	豊後梅
県の鳥	めじろ

移住希望地域ランキング　**10位**

おもしろ方言

いっすんずり……………………　車のひどい渋滞

えらしー………………………………かわいらしい

けんちょいき………………　県庁行き→一張羅

ちょくしばり…　酒を飲ませて自分の思い通りにさせる

にごじゅー………………………　降参、お手上げ

日本一の「おんせん県」を進める大分県。由布岳をバックに走る特急「ゆふいんの森」号

大分県のくらしの通信簿

項目	数値	評価
マネー（平均年収）	559万1000円	D
仕事（有効求人倍率）	1.54	C
住居（家賃／1ヵ月3.3㎡）	3644円（大分市）	A
教育（待機児童率）	0.09	A
医療（医師偏在指標）	238.0	C
環境（都市公園面積／人口1人当たり）	10.38㎡	C
少子化（子ども人口割合）	12.3	C
総合評価		24

大分県 日本一いろいろ

鶏肉消費金額／消費量（大分市）…… 1万9703円／2万693g

大分に行くと決まって食べるのがとり天や鶏めし。中津のから揚げも有名だ。家計調査（2016年～18年平均）によると、大分市は全国でもっとも鶏肉を食べている。消費金額は年間1万9703円（全国平均1万5662円）。消費量は2万693ｇ（同1万6474ｇ）で共に全国1位である。

道路トンネル数 ………………………… 571

大分県は九重連山、由布岳をはじめ意外に山が多い県である。さらにリアス式海岸もあり、地形が複雑なため、道路トンネルの数が多い。その数なんと571。460の北海道を抑えて日本一だ。総延長は14万9990km。こちらは北海道が33万9502kmでトップ（国交省・道路統計年報2017）。大分県内をドライブするときは十分注意されたい。

サフラン生産量 ………………………… 18kg

パエリアやリゾットなどの料理に香辛料として使われるパエリア。「荒城の月」の岡城址で知られる竹田市で栽培が盛んだ。生産量（花芯）は18kgで全国トップ（大分県庁のサイトから＝2015年）。

おんせん県の魅力を最大限にアピールしたPR動画と超ブランド魚「関さば」

大分県は「おんせん県おおいた」をさまざまなPR動画でアピールし、全国的に注目されてきた。第1弾の「シンフロ」から「プレミアムフロイデー」まで奇抜なアイデアとコミカルな映像で大人気に。「シンフロ」は公開2ヵ月で再生100万回を突破したほどだ。別府市のPR動画もユニーク。ラグビーワールドカップ大分開催に向け、風呂おけをラグビーボールに見立てた温泉とラグビーを組み合わせた作品を製作。撮影には市民約200人が参加した。こちらも公開直後に再生回数が10万回を超す〝ヒット作品〟に。その温泉だが、大分県は源泉総数4418、温泉湧出量27万9549ℓ/毎分で全国トップ（平成29年度温泉利用状況＝環境省）。

豊後水道・早吸《はやすい》の瀬戸の荒波にもまれて育った関あじと関さば。大分県漁業組合佐賀関支店の組合員が一本釣りで釣った貴重な魚である。同支店のサイトには毎日、その日の出荷情報がアップされている。2019年8月27日は「関あじ633尾　関さば325尾」だった。佐賀関の高島周辺の漁場は、餌となる生物が豊富で日本有数の一本釣り漁場。そんな豊饒の海で漁師が一本釣りしているのである。漁協の網いけすに移された魚は、体を傷つけないために重さを量らず、魚の大きさを見ておよその重さを見て取る「面買《つらが》い」を行う。そして1日網いけすの中で落ち着かせ、活け締めをして出荷する。徹底した品質管理でブランド価値を守っているのだ。出荷される関あじ・関さばには地域団体登録商標のタグが付けられている。

世界農業遺産・国東半島宇佐地域の魅力と大分空港の〝寿司ネタ〟

日本国内では、世界農業遺産が11地域で認定されている。大分県の国東半島宇佐地域は2013年に認定された。「クヌギ林とため池がつなぐ国東半島・宇佐の農林水産循環」というシステムだ。降水量が少なくため池を活用してきたこの地には、ため池の水を涵養するクヌギ林が存在。クヌギ林とため池の連結による農林水産が評価された。また、この地域では、そのクヌギを利用した原木しいたけの栽培が盛ん。原木栽培の乾しいたけの生産量は大分県が1042・8トンで全国1位だ。シェアは約45％（2017年特用林産基礎資料＝農水省）。

大分空港の名物は手荷物受取ターンテーブル。なんと巨大な寿司のオブジェが流れてくるのだ。初めて訪れた時にはビックリ仰天した。これは近海の海産物アピールのために2007年度から始まった。大分空港の「寿司ネタ」。一見の価値アリだ。

県内をドライブしていて気が付くのは道路トンネルの多さ。大分県は九重連山、由布岳をはじめ意外に山が多い県である。さらにリアス式海岸もあり、地形が複雑なため、道路トンネルの数が多い。その数なんと571。460の北海道を抑えて日本一だ。総延長は14万9990㎞。

宮崎県

昭和のハネムーンのメッカは
焼酎王国とプロ野球キャンプ地

基本データ

面積	7735㎢（全国14位）
位置	北緯31度21分～32度50分
県庁所在地	宮崎市（40万3238人）
人口	110万3755人（全国35位）
県の花	ハマユウ
県の木	フェニックス　ヤマザクラ　オビスギ
県の鳥	コシジロヤマドリ

移住希望地域ランキング　**9位**

おもしろ方言

あば	新品
かりこぼ	山の妖精、妖怪
こえらし	優しい
だいやみ	晩酌
べぶ	牛

南国の風景が広がる日南海岸。昭和40年代は新婚旅行のメッカともいわれた

宮崎県のくらしの通信簿

項目	数値	評価
マネー（平均年収）	527万6000円	D
仕事（有効求人倍率）	1.50	C
住居（家賃／1ヵ月3.3㎡）	3789円（宮崎市）	A
教育（待機児童率）	0.13	B
医療（医師偏在指標）	210.6	D
環境（都市公園面積／人口1人当たり）	18.2㎡	A
少子化（子ども人口割合）	13.4	B
総合評価		25

宮崎県 日本一いろいろ

「共働きパパ」家事時間 ………… 1日あたり59分

子どもがいる共働き世帯で、宮崎県の夫が家事や育児にかかわる時間は1日当たり平均59分で、沖縄県と並び全国1位だった（2016年社会生活基本調査）。

バレーボール大好き

10歳以上の都道府県民の行動者率で、宮崎県はバレーボールが8.6％で全国1位（全国平均は4.5％）。2位は鹿児島県の7.7％（2016年社会生活基本調査）。

焼酎消費金額・消費量（宮崎市） …… 1万4391円／2万1752mℓ

宮崎は焼酎天国。消費もハンパじゃない。宮崎市の年間消費金額は全国平均6417円の2.24倍。消費量は全国平均9234mℓの2.36倍だ（家系調査2016～18年平均）。

国の名勝・天然記念物に指定されている高千穂峡。高千穂は、神話や伝説が数多く残る

焼酎出荷量は3年連続日本一　昭和時代はハネムーンのメッカ

九州は名だたる焼酎王国。なかでも宮崎県は芋、麦、米、そば、さらには栗と多彩な原料を使った焼酎造りが盛ん。「宮崎の本格焼酎」は地域団体商標で、宮崎産本格焼酎の出荷量は4年連続で日本一に輝いた。平成29年度の宮崎県の課税移出数量は14万370kℓ。2位の鹿児島県は11万8849kℓ、3位の大分県は9万944kℓ。全国の総出荷量は37万9056kℓで、宮崎産のシェアは37%。

年配の方なら、宮崎がハネムーンのメッカだった歴史を覚えていらっしゃるだろう。海外旅行が一般的でなかった昭和40年代、風光明媚なビーチがある宮崎県には新婚旅行客が殺到した。1974（昭和49）年には全国の新婚旅行客約100万組のうち37万組が宮崎を訪れたと言われているほどだ。やがてハネムーン先は海外が主流になり、宮崎はプロ野球球団のキャンプ地として脚光を浴びるようになる。昭和34年にキャンプを開始した読売ジャイアンツに続き、38年には広島東洋カープ、54年には中日ドラゴンズがキャンプ地に選んだ。最近ではKIRISHIMAヤマザクラ宮崎県総合運動公園を中心にプロ野球7球団だけでなくJリーグ（J1）5チームがキャンプを行うメッカとなっている。

日本一を何回も獲得した「宮崎牛」と国内初養殖に成功したシロチョウザメ

宮崎を訪れたらぜひ食べてみたいのが宮崎牛だ。５年に１回開かれる和牛のオリンピック「全国和牛能力共進会」の宮城県大会（２０１７年）で、宮崎県は９部門中３部門で全国１位を獲得。肉牛の部門では最高賞の内閣総理大臣賞を受賞。３大会連続の受賞となった。「宮崎牛」は日本を代表するブランドの一つなのである。

一方、国内で初めて完全養殖に成功したのがシロチョウザメ。「名水のまち」・小林市で２００４（平成16）年に完全養殖に成功し、「小林チョウザメ 炙りちらし」「小林チョウザメにぎり膳」というご当地グルメも登場した。こちらもぜひ味わってみたい。

ハネムーンのメッカになったこともある宮崎県は、年間の平均気温（17・６℃）、日照時間（２２２４時間）、快晴日数（54日＝いずれも２０１７年データ・気象庁）が全国トップクラス。県ではこれらすべてを合わせた独自の指標「ひなた指数」を設け、この指数が全国１位として「日本のひなた　宮崎県」をＰＲしている。

オンリーワン商品は碁石。碁石は昔は木や石から作られていた。貝殻原料の碁石づくりは明治から始まった。当初は桑名の蛤を材料に大阪で作られていたが、やがて日向の浜の蛤が主流に。明治末期には日向で碁石づくりが始まり、現在では日本で唯一の蛤碁石生産地となっている。

鹿児島県

西郷どんの薩摩は宇宙に一番近い県

基本データ

面積	9187㎢（全国10位）
位置	北緯27度01分～32度18分
県庁所在地	鹿児島市（60万4631人）
人口	164万3437人（全国24位）
県花	ミヤマキリシマ
県木	クスノキ　カイコウズ
県鳥	ルリカケス

おもしろ方言

いっぺこっぺ……………………… あっちこっち

うがみんしょーらん ……………… こんにちは

ずんばい……………………………… たくさん

ないごち……………………………… なぜ

むじょか………………………………かわいらしい

鹿児島港と桜島を約15分で結ぶ桜島フェリー。24時間運行のフェリーは日本ではここだけ

鹿児島県のくらしの通信簿

項目	数値	評価
マネー（平均年収）	544万円	D
仕事（有効求人倍率）	1.36	D
住居（家賃／1ヵ月3.3㎡）	4360円（鹿児島市）	B
教育（待機児童率）	0.81	C
医療（医師偏在指標）	229.8	D
環境（都市公園面積／人口1人当たり）	11.60㎡	B
少子化（子ども人口割合）	13.3	B
総合評価		21

鹿児島県 日本一いろいろ

樹齢 …… 屋久島の縄文杉 7200年

1966年に発見された縄文杉は、木の幹回り16.4m、高さは25.3mもある。屋久島では樹齢1000年以上の木が「屋久杉」と呼ばれ、それ未満は「小杉」と呼ばれる。

国内空港初の足湯 …… 鹿児島空港「おやっとさぁ」

2005年12月20日に共用開始した天然温泉足湯。国内線ターミナルビル1階にあり、座席数は20。桜島や霧島を意識した石製の山から温泉が注がれている。温泉地らしいサービスだ。無料。

ツルの飛来数／ウミガメの上陸数 …… 1万羽以上／5400頭

世界一のツルの越冬地と言われる出水平野。秋になるとシベリアから大量のツルが飛来する。1951（昭和26）年に241羽だったものが1997（平成9）年からは1万羽を超えるようになったそうだ。美しい浜にやって来るのはウミガメ。2011（平成23）年には延べ5400頭のウミガメが上陸。3分の1は屋久島だった。野生動物にとっても“暮らしやすい県”なのだ。

日本でもっとも活動的な火山・桜島と日本最大のロケット発射場

錦江湾に浮かぶ桜島は鹿児島県のシンボル。高さ1117m、北岳、南岳の2つの主峰からなる複合火山で、約2万6000年前の誕生から17回の大噴火を繰り返してきた。鹿児島地方気象台は月ごとの噴火回数（爆発的な噴火もしくは一定規模以上の噴火）を計数している。2000年代に入ってから最も多かったのが2011年の年間1355回。次いで2015年の1255回。2018年は479回だった。日本でもっともアクティブな火山と言っていいだろう。

鹿児島を訪れたとき、目に留まったのが屋根付きのお墓。地元の方になぜ屋根が付いているのかを聞いたら、桜島が噴火した時の灰が降りかからないように守っているとのことだった。ご先祖さまを敬う気持ちのあらわれである。

種子島宇宙センターは総面積970万㎡の日本最大のロケット発射場。2001年のH－ⅡAロケット試験機1号機から2018年10月の温室効果ガス観測技術衛星「いぶき2号」まで、40機を打ち上げてきた。2019年度以降も月面着陸無人小型探査機などの打ち上げを予定。鹿児島県には科学観測ロボットを打ち上げる内之浦宇宙空間観測所もある。まさに日本でもっとも宇宙に近い県だ。

日本でもっとも長い村　北から南まで160㎞。宝島にはロマンあふれる言い伝え！

トカラ列島の人が住んでいる7つの島と無人島5島をあわせた12の島から構成されている十島《としま》村は、もっとも北の口之島から、南端の宝島までの距離がなんと160㎞もある。日本一長い村だ。人口は756人（2015年）。村のキャッチフレーズは「刻《とき》を忘れさせる島」。火山の島、サンゴ礁の島、温泉の島などその表情は多彩。宝島（人口131人）は、海とサンゴと伝説に彩られたロマンの島。その昔、イギリスの海賊・キャプテンキッドが財宝を残したという言い伝えがあり、財宝を隠したという鍾乳洞もある（同村のサイトより）。

食の宝庫・鹿児島の実力

和牛オリンピックと言われる第11回全国和牛能力共進会（2017年）で強豪・宮崎県を破り、鹿児島黒牛が総合優勝に輝いた。9部門のうち4部門で1位になる強さだった。鹿児島空港にほど近い霧島市には日本を代表する2つの老舗企業の工場がある。全国の焼酎メーカーの8割に種麹（河内菌）を卸している河内源一郎商店グループ（河内菌本舗）は麹の神様とよばれる初代河内源一郎が創業者。もう1社は江戸時代後期から錦江湾に面した福山の地で伝統的な壺づくりで「くろず」を続けている坂元醸造（本社は鹿児島市）。黒酢の発祥の地だ。

沖縄県

観光、情報通信、物流で大変化!
「万国津梁」の可能性

基本データ

面積	2281㎢（全国44位）
位置	北緯24度02分～27度53分 ニューデリー、ドバイ、マイアミと同緯度
県庁所在地	那覇市（32万2624人）
人口	147万6178人（全国25位）
県花	でいご
県木	リュウキュウマツ
県鳥	ノグチゲラ
県魚	たかさご（グルクン）

おもしろ方言

あしはいみじはい …………………… 汗水流して
うむやーぐぁー ………………………… 恋人
えいさー ……………………………… 盆踊り
ちゅらかーぎー ………………………… 美人
めんそーれ ……………………… いらっしゃい

「世界一危険な基地」と称される米軍の普天間飛行場。近隣には住宅地が密集する

沖縄県のくらしの通信簿

項目	数値	評価
マネー（平均年収）	466万円	E
仕事（有効求人倍率）	1.18	E
住居（家賃／1ヵ月3.3㎡）	4088円（那覇市）	B
教育（待機児童率）	2.80	E
医療（医師偏在指標）	279.3	A
環境（都市公園面積／人口1人当たり）	10.26㎡	C
少子化（子ども人口割合）	17.0	A
総合評価		20

沖縄県 日本一いろいろ

ボウリング大好き！

2016年社会生活基本調査によると、過去1年間にボウリングをした人（10歳以上）の割合で沖縄県は19.6%でトップ。2位は愛知県の16.4%、全国平均は12.7%。

ハンバーガー／ミネラルウォーター 消費金額（那覇市）……………… **5648円／5730円**

家計調査（2016年～18年平均）によると、ハンバーガーの年間消費金額は那覇市が5648円で全国平均の3810円の約1.5倍でトップ。ミネラルウォーターは年間5730円で全国平均3377円の約1.7倍でトップとなっている。

邦楽・カラオケ（行動者率）…………… **4.8%／39.5%**

2016年社会生活基本調査によると、過去1年間に邦楽（民謡、日本古来の音楽を含む）をたしなんだ人は全国平均2.9%の1.66倍。カラオケは全国平均30.7%の1.29倍だ。若い人からおばぁ、おじぃまで歌が好きなようだ。

世界渡航先成長率ランキングで世界トップ！　出生率は全国1位

米マスターカードが毎年発表する「2018年度世界渡航先ランキング」。その中にある2009年から2017年の過去8年間の渡航者数の成長率を示す渡航先成長率ランキングで沖縄が39・2％で世界の各地域の中でトップとなった。2位は京都27・8％、3位は大阪23・6％、4位は成都（中国）21・6％、5位は厦門（同）20・5％だった。沖縄の観光成長はすごい。2018年の観光客数は984万2400人で6年連続過去最高（沖縄県入域観光客統計）。外国客は、過去最高の290万3800人。前年比14・2％増だ。

沖縄県のポテンシャルを物語る象徴は人口データ（いずれも2017年）。少子高齢化の時代に逆行するかのような動きを見せている。まず自然増減率は0・29％で47都道府県で唯一プラス。人口増減率も0・26％で、一極集中が進む東京都の0・73％、埼玉県の0・28％に続く3位。年少人口割合（15歳未満人口）は17・1％でトップ。合計特殊出生率は1・94で断トツ。33年連続で日本一である。

公示地価上昇率トップ　県内景気は69ヵ月連続拡大

2019年の公示地価で沖縄県は住宅地が8・5％、商業地が10・3％でともに全国トップの上昇となった。背景には沖縄経済の好調がある。日銀那覇支店の「県内金融経済概況」（2019年8月）によると、県内景気は71ヵ月（5年11ヵ月）「拡大」が続く。

沖縄県民の好みをデータからみてみよう。2016年社会生活基本調査によると、過去1年間にボウリングをした人（10歳以上）の割合で沖縄県は19・6％でトップ。家計調査（2016年～18年平均）によると、ハンバーガーの年間消費金額は那覇市が5614円で全国平均の3810円の約1・5倍でトップ。A1ソース、ポークたまごおにぎり、ブエノチキン、ブルーシールアイスといった沖縄ならではの食材、商品も人気だ。

米軍基地の7割が集積の現実　軍用地の県外地主が増加

沖縄県のサイトによると、在日米軍施設・区域（専用施設）面積は、本土の7749・4ha（29・4％）に対し、沖縄県は1万8609・2ha（70・6％）と集中度は圧倒的だ（2017年現在）。米軍関係の航空機関連事故件数は709件、米軍構成員等による犯罪検挙件数は5919件（凶悪犯576件）となっている（1972年～2016年末まで）。最近は軍用地（米軍基地用地）の県外地主が増加しているという。琉球新報の記事によると、6年間で1・4倍に増えた。地主の高齢化で県外に住む親族への相続や贈与がある一方で、投資目的での需要が広がっているそうだ。もう一つの基地問題だ。

【日本の最新セックス事情はどうなっているか】

少子高齢化社会が進行するなかで、出生率は21世紀日本のキーワードと言っていい。そこで、あまり表立って語られることのない日本の最新セックス事情を探ってみた。セックスレス社会などと言われているが、本当のところはどうなのか。

そんなセックス事情を検証するのにピッタリの調査報告がある。大手コンドームメーカー相模ゴム工業が発表した「ニッポンのセックス2018年度版」だ。2013年度に続く2回目の全国調査で、調査対象は47都道府県の20～60代で本調査は男女1万4100人（セックス経験者のみ）。事前調査は2万9135人。「コンドームメーカーとして、現代人のセックスはどうなっているのか、どのように性意識が変化しているかを常に研究している」（同社HPより）という相模工業の調査結果から、注目のデータをいくつか紹介しよう。

●セックス経験の有無　　あり 88.5%　ない 11.5%

世代別に見ると20代男性の34.1%、20代女性の20.9%が「セックスの経験がない」と回答している。5年前の調査では、それぞれ40.6%、25.5%だったから、5～6ポイント減少している。

●既婚者や交際相手、セックス相手がいる人の1ヵ月のセックス回数

全体平均は2.1回。最も回数の多い世代は20代で男性4.9回、女性3.7回

●初体験の年齢

①沖縄県　19.6867歳　②青森県　19.7267歳　②福島県　19.7267歳

●セックス経験人数

①沖縄県　13.0400人　②千葉県　12.8467人　③東京都　12.3333人

●1ヵ月のセックス回数（結婚・交際相手）

①鹿児島県　2.8745回　②京都府　2.7706回　③岩手県　2.6396回

●1ヵ月のセックス回数（結婚・交際相手以外）

①福島県　4.2888回　②鳥取県　4.0903回　③茨城県　3.9333回

●コンドームの使用率

高い順　①埼玉県　50.67%　②山形県　50.33%　③東京都　49.67%
低い順　①高知県　36.67%　②沖縄県　37.00%　③佐賀県　37.33%

セックス事情にも土地柄や県民性が関係してくるのだろうか。調査結果の詳細は、相模ゴム工業のHPをご覧いただきたい。

統計の数字を鵜呑みにしてはいけない

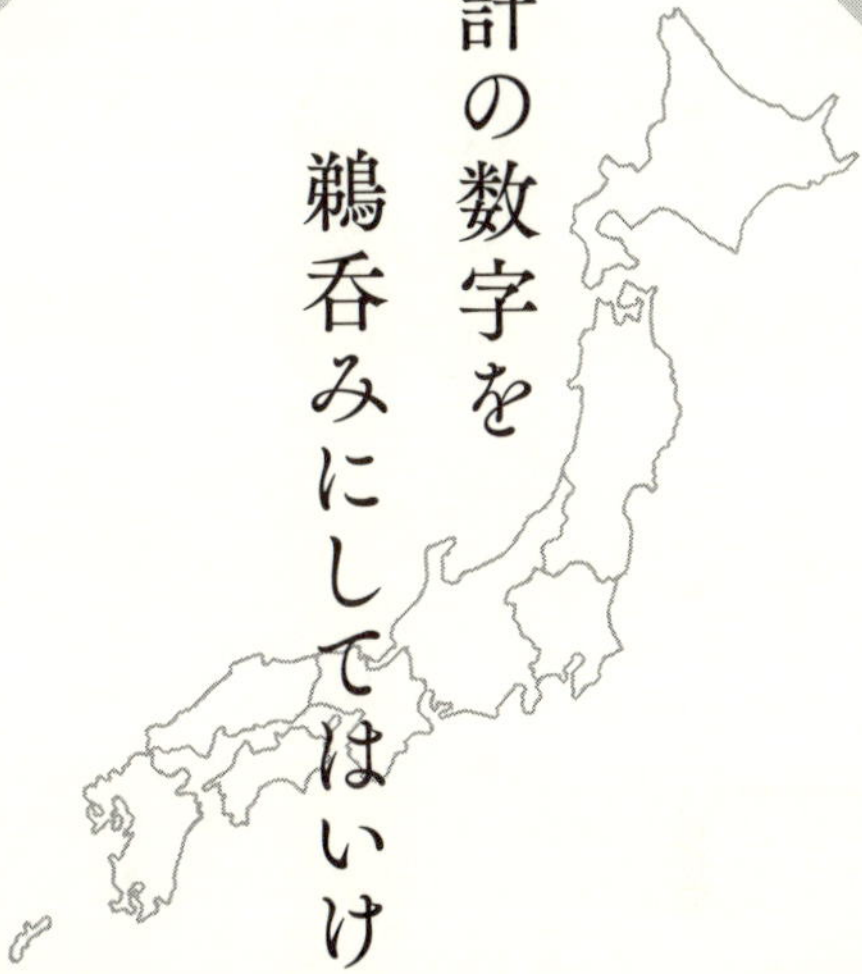

統計を鵜呑みにしていたら世の中の実態、真相は見えてこない

世の中には統計情報があふれかえっている。ふるさとに関する情報も同様だ。しかし、統計情報を鵜呑みにするのは考えものだ。厚労省の〝統計不正〟を筆頭に、不適切な調査が判明した政府統計は7つの省、24に及んだ。統計は調査の手法、選択指標の扱いなどで、その内容はガラッと変わってくる。調査対象の数、表記の仕方、判断方法なども大きな問題だ。

この数年脚光を浴びている「幸福度調査」。もっとも有名なのが日本総合研究所が日本ユニシスの協力の下で行っている「47都道府県幸福度ランキング」だ。2014年、2016年、2018年と3回連続で福井県がトップとなり話題となった。同様の調査には法政大学の「47都道府県の幸福度ランキング」（2011年）がある。これらは数十項目の指標を比較してランキング化した客観的評価調査である。両者の上位10県は以下の通り。

【日本総研】①福井県　②東京都　③長野県　④石川県　⑤富山県　⑥山梨県　⑦愛知県　⑧島根県　⑨滋賀県　⑩山形県

【法政大】①福井県　②富山県　③石川県　④鳥取県　⑤佐賀県　⑤熊本県　⑦長野県　⑧島根県　⑨三重県　⑩新潟県

両調査ともにトップは福井県だが、その後の順位は随分と違う。法政大調査には東京や愛知、千葉といった大都市圏は見当たらない。両調査でトップ10に共通して入っているのは、福井、石川、富山、島根、長野の5県となっている。共通項は日本海側、北陸の県が上位に食い込んでいるということ。この違いは、幸福度の算出指標の扱いの違いによるものだ。

幸福度日本一に対する福井県の受け止め方はどうなのか。県のホームページは「3回連続日本一」をアピールしているが、地元紙の福井新聞は2度目の1位となった２０１６年8月に「幸福度1位維持の福井　実態と乖離どう埋めるか」と冷静な論説記事を掲載していた。

＜県のＰＲもあって、幸せな県というイメージは定着しつつあるが、住んでいる人の実感はそこまでない気がする。住む人も幸せを感じ誇りを持てるようにするにはどうすべきか。今回の1位をよりどころに考えていきたい＞

さまざまな指標で福井県が1位に輝いたのは事実だし、それは高く評価されるべきものである。しかし、その発表がすべてなのかどうか。冷静な検証が必要なのは言うまでもない。

●移住人気ランキングと転入・転出の実態

毎年、いくつもの移住人気ランキングが発表される。その代表例が認定ＮＰＯ法人ふるさと回帰支援センターの「移住希望地域ランキング」である。２０１８年の上位の結果は次の通り。

①長野県　②静岡県　③北海道　④山梨県　⑤新潟県

２０１３年以降、長野県と山梨県が首位争いを続け、交互にトップになってきたが、２０１８年は2位にランクアップした。静岡県、広島県（6位）も上位の常連だ。同センターは近年の傾向について「仕事が見つけやすく、生活スタイルに極端な変化が少ない県庁所在地や中核都市のニーズが高まっている」と指摘している。

問題は人気各県の人口の流出入結果だ。移住人気の高さが人口流入に結び付き、最終的に自治体の人口が増えていることが理想である。実際はどうなっているか。人気上位5県の転出・転入超過数をみてみよう。

データは、総務省が２０１９年1月末に発表した２０１８年の外国人を含む人口移動報告。

①長野県　転出超過　３０７６人　②静岡県　転出超過　５５８３人
③北海道　転出超過　６２１４人　④山梨県　転出超過　３４０５人
⑤新潟県　転出超過　６９０１人

上位5県はすべてが転出超過＝人口流出というのが現実である。上位5県への移住者数はそれなりの数があるのだろうが、転出を上回るまでのパワーにはなっていないということだ。人気と実態は別物と考えたほうがいい。

●47都道府県　それぞれに「ふるさとの宝」がある！

「ふるさとの日本一」を探訪する旅も終わりが近づいてきた。47都道府県のふるさとパワー、魅力を取材、調べてみて日本という国の懐の深さ、文化の多様性を痛感した。全国各地に「ふるさとの宝」があることがよく分かった。ふるさとを離れ、都会暮らしをする人々は心のどこかにふるさとへの郷愁があり、ときに原風景を思い出し、望郷の念に駆られることがあるだろう。本書で、それぞれのふるさとの素晴らしさを再認識していただければ幸いである。

格差が拡大し、多様性、寛容さが失われていく都会生活に疑問を抱いた若い世代の人たちが移住を視野に入れた人生設計をするのは自然な流れだ。とはいえ、現実は厳しい。受け皿づくりが十分に進んでいないからだ。ふるさと創生の掛け声のもといろんな取り組みが行われているが、最近はインバウンド誘致による観光政策ばかりがクローズアップされていないだろうか。それだけで本当の活性化が可能化かどうかは疑問だ。観光依存に走るのではなく、ふるさとのマンパワーを総結集して、若い世代が帰ってくる、移住してくるような地域づくりを進めていくことが不可欠だ。全国、どんな地域にもかけがえのない魅力と可能性がある。もっと、もっと輝かせてほしい。

<プロフィール>

山田 稔(やまだ みのる)

1960年生まれ。長野県出身。立命館大学卒業。「日刊ゲンダイ」編集部長、広告局次長を経て独立。編集工房レーヴ代表。経済、社会、地方関連記事を執筆。雑誌「ベストカー」に「数字の向こう側」を連載中。『酒と温泉を楽しむ!「B級」山歩き』『分煙社会のススメ。』(日本図書館協会選定図書)などの著作がある。

驚《おどろ》きの日本一《にほんいち》が「ふるさと」にあった

2019年9月25日 第1刷発行

著　　　者　山田《やまだ》 稔《みのる》

発　行　者　川端下誠/峰岸延也

編　集　発　行　株式会社講談社ビーシー

〒112-0013 東京都文京区音羽1-2-2

電話 03-3943-6559(書籍出版部)

発　売　発　行　株式会社講談社

〒112-8001 東京都文京区音羽2-12-21

電話 03-5395-4415(販売)

電話 03-5395-3615(業務)

ブックデザイン　株式会社 光雅

印　刷　所　豊国印刷株式会社

製　本　所　牧製本印刷株式会社

ISBN978-4-06-515553-0